LES
AUTEURS LATINS

EXPLIQUÉS D'APRÈS UNE MÉTHODE NOUVELLE

PAR DEUX TRADUCTIONS FRANÇAISES

L'UNE LITTÉRALE ET JUXTALINÉAIRE PRÉSENTANT LE MOT A MOT FRANÇAIS
EN REGARD DES MOTS LATINS CORRESPONDANTS
L'AUTRE CORRECTE ET FIDÈLE PRÉCÉDÉE DU TEXTE LATIN

avec des sommaires et des notes

PAR UNE SOCIÉTÉ DE PROFESSEURS

ET DE LATINISTES

HORACE

—

L'ART POÉTIQUE

EXPLIQUÉ, TRADUIT ET ANNOTÉ

PAR M. E. TAILLEFERT

Professeur au collège royal de Saint-Louis

PARIS
LIBRAIRIE DE L. HACHETTE
RUE PIERRE-SARRAZIN, 12

1845

LES
AUTEURS LATINS

EXPLIQUÉS D'APRÈS UNE MÉTHODE NOUVELLE

PAR DEUX TRADUCTIONS FRANÇAISES

Cet *Art poétique* a été expliqué, traduit et annoté par M. Em. Taillefert, professeur au collége royal de Saint-Louis.

DE L'IMPRIMERIE DE CRAPELET, RUE DE VAUGIRARD, N° 9.

LES
AUTEURS LATINS

EXPLIQUÉS D'APRÈS UNE MÉTHODE NOUVELLE

PAR DEUX TRADUCTIONS FRANÇAISES

L'UNE LITTÉRALE ET JUXTALINÉAIRE PRÉSENTANT LE MOT A MOT FRANÇAIS
EN REGARD DES MOTS LATINS CORRESPONDANTS
L'AUTRE CORRECTE ET FIDÈLE PRÉCÉDÉE DU TEXTE LATIN

avec des sommaires et des notes

PAR UNE SOCIÉTÉ DE PROFESSEURS

ET DE LATINISTES

HORACE
ART POÉTIQUE

PARIS
LIBRAIRIE DE L. HACHETTE
RUE PIERRE-SARRAZIN, N° 12

1845
1844

AVIS.

On a réuni par des traits, dans la traduction juxtalinéaire, les mots français qui traduisent un seul mot latin.

On a imprimé en *italique* les mots qu'il était nécessaire d'ajouter pour rendre intelligible la phrase française, et qui n'avaient pas leur équivalent dans le latin.

Enfin, les mots placés entre parenthèses, dans le français, doivent être considérés comme une seconde explication, plus intelligible que la version littérale.

ARGUMENT ANALYTIQUE.

Vers 1. Tout sujet doit être simple. — 24. Souvent les poëtes tombent dans les défauts opposés à ceux qu'ils veulent éviter. — 38. L'auteur doit choisir un sujet proportionné à ses forces. — 45. Hardiesses que les poëtes peuvent se permettre dans l'emploi des mots : destinée des mots. — 73. Quels sont les vers appropriés à chaque genre. — 89. Du ton qui convient à la Tragédie et à la Comédie. — 99. Il faut tenir compte du sujet, du temps, des personnes. — 119. Ce que doit faire l'auteur, s'il reproduit sur la scène un personnage connu, ou s'il en invente un nouveau. — 136. Quelques préceptes sur la poésie épique. — 153. Des sujets qu'il faut mettre sur la scène. Horace recommande d'approprier les mœurs à chacun des âges de la vie. — 179. De l'action et du récit. — 193. Du Chœur. — 202. De la licence qui s'est introduite dans la musique. — 220. Du drame Satyrique. — 251. De l'iambe, et de l'iambique de six pieds. — 263. Négligence des écrivains Romains. — 275. Origine de la Tragédie et de la Comédie. — 295. De l'art et du génie. — 309. Connaissances nécessaires au poëte. — 323. Funestes effets de ce travail déréglé qui n'a en vue que l'argent. — 333. Objet que la poésie se propose. De la vraisemblance. — 347. La sévérité n'exclut pas une indulgence raisonnable. — 366. La médiocrité est interdite aux poëtes. — 391. Origine et éloge de la poésie. — 408. Pour former le poëte, il faut le concours de l'art et de la nature. — 419. L'écrivain doit se défier des flatteurs, et ne consulter qu'un juge sincère. — 453. Épilogue.

Q. HORATII FLACCI
ARS POETICA[1].

AD PISONES [2].

Humano capiti cervicem pictor equinam
Jungere si velit, et varias inducere plumas
Undique collatis membris, ut turpiter atrum
Desinat in piscem mulier formosa superne [3] :
Spectatum admissi, risum teneatis, amici ? 5
Credite, Pisones, isti tabulæ fore librum
Persimilem, cujus, velut ægri somnia, vanæ
Fingentur species [4], ut nec pes, nec caput uni
Reddatur formæ. — Pictoribus atque poetis
Quidlibet audendi semper fuit æqua potestas. — 10
Scimus, et hanc veniam petimusque damusque vicissim ;
Sed non ut placidis coeant immitia, non ut
Serpentes avibus geminentur, tigribus agni.
Inceptis gravibus plerumque et magna professis

Si un peintre s'avisait de placer une tête humaine sur un cou de cheval ; et que, bigarrant de plumes diverses un assemblage confus de membres disparates, il terminât un gracieux buste de femme par la croupe hideuse d'un monstre marin : devant un pareil tableau, pourriez-vous, ô mes amis, vous empêcher de rire ? Voilà pourtant, jeunes Pisons, voilà l'image exacte et fidèle d'un livre où les idées confuses ressembleraient aux songes d'un malade, et dont les différentes parties manqueraient d'harmonie et d'ensemble. — Les poëtes, dira-t-on, n'ont-ils pas toujours eu, comme les peintres, le privilége de tout oser ? — Sans doute : et cette liberté même, nous la réclamons pour nous, et l'accordons volontiers, nous aussi : mais enfin, admet-elle l'alliance de la férocité et de la douceur ; permet-elle d'accoupler ni les oiseaux avec les serpents, ni les tigres avec les agneaux ?

Souvent, à un début imposant et qui promet de grandes choses,

HORACE.

ART POÉTIQUE.

AUX PISONS.

Si pictor velit	Si un peintre voulait
jungere cervicem equinam	joindre un cou de-cheval
capiti humano,	à une tête humaine,
et inducere plumas varias	et mettre des plumes diverses
membris	sur des membres,
collatis undique,	rassemblés de-toute-part,
ut mulier	en sorte qu'une femme
formosa superne	belle par-le-haut
desinat in piscem	se terminât en un poisson
turpiter atrum :	hideusement noir (repoussant):
amici, admissi spectatum,	*mes* amis, admis à voir *cela*,
teneatis risum?	retiendriez-vous *votre* rire ?
Credite, Pisones,	Croyez, Pisons,
fore persimilem	qu'*il* sera tout-à-fait-semblable,
isti tabulæ,	à ce tableau,
librum	le livre
cujus species vanæ	dont les idées vaines (confuses):
fingentur	seront (seraient) représentées
velut somnia ægri,	comme les rêves d'un malade,
ut nec pes nec caput	en sorte que ni pied ni tête
reddatur formæ uni.	ne se rapporte à une forme unique.
— Potestas æqua	— Un privilége égal
audendi quidlibet	d'oser toute-chose
fuit semper	a été de-tout-temps
pictoribus atque poetis. —	aux peintres et aux poëtes. —
Scimus, et	Nous savons *cela*; aussi,
petimusque hanc veniam,	et demandons-nous cette permission,
damusque vicissim:	et *la* donnons-nous à-notre-tour:
sed non ut immitia	mais non pour que les *animaux* féroces
coeant placidis ;	soient unis aux *animaux* paisibles;
non ut serpentes	non pour que les serpents
geminentur avibus,	soient accouplés aux oiseaux,
agni tigribus.	*ni* les agneaux aux tigres.
Plerumque,	La plupart-du-temps,
unus et alter pannus	un ou deux lambeaux

Purpureus, late qui splendeat, unus et alter 15
Assuitur pannus, quum lucus et ara Dianæ,
Et properantis aquæ per amœnos ambitus agros,
Aut flumen Rhenum, aut pluvius describitur arcus :
Sed nunc non erat his locus. Et fortasse cupressum
Scis simulare ; quid hoc, si fractis enatat exspes 20
Navibus, ære dato qui pingitur [1]? Amphora cœpit
Institui : currente rota, cur urceus exit?
Denique sit quodvis simplex duntaxat et unum.

    Maxima pars vatum, Pater et Juvenes patre digni,
Decipimur specie recti : brevis esse laboro, 25
Obscurus fio ; sectantem lenia nervi
Deficiunt animique ; professus grandia turget ;
Serpit humi tutus nimium timidusque procellæ.
Qui variare cupit rem prodigialiter unam,

on rattache, pour nous éblouir à distance, un ou deux lambeaux de pourpre ; on décrit un bois sacré et l'autel de Diane, ou bien le ruisseau qui serpente en fuyant à travers de riantes prairies, ou le Rhin majestueux, ou les brillantes couleurs de l'arc-en-ciel : descriptions charmantes, oui, mais qui ne sont pas à leur place. Vous savez peindre un cyprès : eh ! qu'importe un cyprès au malheureux qui vous paie, pour le représenter lui-même échappant au naufrage sur les débris de son vaisseau? On commençait une amphore magnifique : la roue a tourné ; pourquoi ne vient-il qu'une tasse ? — Enfin, que la simplicité, que l'unité règne avant tout dans un ouvrage.

Ce qui nous trompe souvent, nous autres poëtes, c'est — vous le savez, illustre Pison, et vous, ses dignes fils, — c'est l'apparence du bien. Je vise à la concision, je deviens obscur ; on court après la grâce : adieu le nerf et la chaleur ; tel vise au sublime, et se perd dans l'enflure ; par excès de prudence, et pour échapper à la tempête, celui-là se traîne terre à terre ; celui-ci croit trouver la variété dans le merveilleux, et son pinceau bizarre nous représente

ART POÉTIQUE.

purpureus,	de-pourpre,
qui splendeat late,	qui puissent-briller au loin,
assuitur	sont cousus (sont rattachés)
inceptis gravibus	à des commencements nobles
et professis magna :	et qui promettent de grandes-choses :
quum lucus	*par exemple*, lorsqu'un bois-sacré
et ara Dianæ,	et l'autel de Diane,
et ambitus	et le cours-sinueux
aquæ properantis	d'un ruisseau qui se hâte
per agros amœnos,	à travers des champs agréables,
aut flumen Rhenum,	ou le fleuve du Rhin,
aut arcus pluvius	ou l'arc pluvieux (l'arc-en-ciel)
describitur :	est décrit :
sed locus non erat nunc	mais le lieu n'était pas maintenant
his.	à ces *descriptions*.
Et fortasse scis	Et peut-être tu sais
simulare cupressum :	représenter un cyprès :
Quid hoc,	que *fait* cela (à quoi bon)?
si qui pingitur,	si celui qui est peint (qui se fait peindre),
ære dato,	*son* argent étant donné (pour son argent),
enatat exspes,	s'échappe-à-la-nage *et* sans-espoir,
navibus fractis ?	*ses* vaisseaux étant brisés?
Amphora cœpit	Une amphore a commencé
institui :	à être façonnée :
cur, rota currente,	pourquoi, la roue tournant,
urceus exit ?	une tasse sort-elle (résulte-t-elle)?
Denique, quodvis	Enfin, que tout *sujet*
sit duntaxat	soit avant-tout
simplex et unum.	simple et un.
Pater, et Juvenes	Père, et *vous*, Jeunes-gens
digni patre,	dignes de *votre* père,
maxima pars **vatum**	la plus grande partie des poëtes
decipimur	nous sommes trompés
specie recti :	par l'apparence du bien :
laboro esse brevis,	je tâche d'être concis,
fio obscurus ;	je deviens obscur ;
nervi animique	les nerfs et les esprits (la chaleur)
deficiunt	abandonnent
sectantem lenia ;	celui qui recherche les *choses trop* douces;
professus grandia	celui qui promet des *choses* grandioses,
turget;	est enflé ;
nimium tutus	*celui* qui *est* trop sur-ses-garde
timidusque procellæ,	et qui-craint *trop* la tempête,
serpit humi.	rampe terre-à-terre.
Qui cupit	Celui qui désire
variare prodigialiter	varier par-le-merveilleux
rem unam,	un sujet simple,

Delphinum sylvis appingit, fluctibus aprum. 30
In vitium ducit culpæ fuga, si caret arte.
Æmilium circa ludum, faber unus et ungues
Exprimet, et molles imitabitur ære capillos,
Infelix operis summa, quia ponere totum
Nesciet. Hunc ego me, si quid componere curem, 35
Non magis esse velim, quam naso vivere pravo,
Spectandum nigris oculis nigroque capillo.

Sumite materiam vestris, qui scribitis, æquam
Viribus, et versate diu quid ferre recusent,
Quid valeant humeri. Cui lecta potenter[1] erit res, 40
Nec facundia deseret hunc, nec lucidus ordo.
Ordinis hæc virtus erit et venus, aut ego fallor,
Ut jam nunc dicat jam nunc debentia dici,
Pleraque differat, et præsens in tempus omittat[2].

In verbis etiam tenuis cautusque serendis, 45
Hoc amet, hoc spernat promissi[3] carminis auctor.
Dixeris egregie, notum si callida verbum

un dauphin dans les bois, un sanglier dans les flots. Ainsi, faute de talent et de goût, on n'évite un défaut, que pour tomber dans un vice. Près du cirque Émilien, vous verrez tel artiste qui excelle à finir un ongle, qui sait donner à l'airain la souplesse des cheveux : talent incomplet, au demeurant, car il échouera dans l'ensemble. Or, si je me mêlais d'écrire, je ne voudrais pas plus ressembler à un tel homme, que je n'aimerais un nez difforme avec des cheveux d'ébène et de beaux yeux noirs.

Vous qui écrivez, choisissez une matière proportionnée à vos forces ; essayez-vous longtemps, consultez bien vos épaules. Le sujet est-il proportionné aux moyens de l'auteur : aussitôt il trouve sous sa plume l'expression juste, la clarté, et l'ordre, cet ordre lumineux, dont le mérite et la grâce consistent, je ne crois pas me tromper, à dire d'abord ce qui doit d'abord être dit, et à différer les détails pour les placer au moment favorable.

Délicat et châtié dans son style, l'auteur d'un poëme que le public attend, doit montrer un goût sévère à l'égard des mots qu'il emploie. Le secret pour être admiré, c'est de savoir, par une alliance ingé-

appingit delphinum sylvis,	peint un dauphin dans les forêts,
aprum fluctibus.	*et* un sanglier dans les flots.
Fuga culpæ	La fuite d'un défaut
ducit in vitium,	mène dans un vice (un défaut plus grand),
si caret arte.	si elle manque d'art.
Circa ludum Æmilium,	Près du cirque Emilien,
faber unus	un ouvrier unique-*en-ce genre*
et exprimet ungues,	et reproduira les ongles,
et imitabitur ære	et imitera avec l'airain
capillos molles :	les cheveux souples :
infelix summa operis,	malheureux dans l'ensemble de *son* œuvre,
quia nesciet ponere totum.	parce qu'il ne saura point former un tout.
Ego, si curem	Moi, si je me mêlais
componere quid,	de composer quelque chose,
non velim magis	je ne voudrais pas plus
me esse hunc,	moi être cet *homme-là*,
quam vivere naso pravo,	que vivre avec un nez difforme,
spectandum	*étant* remarquable *d'ailleurs*
oculis nigris	par des yeux noirs
capilloque nigro.	et par des cheveux noirs.
Qui scribitis,	Vous, qui écrivez (auteurs),
sumite materiam	choisissez un sujet
æquam vestris viribus,	proportionné à vos forces,
et versate diu	et pesez (examinez) longtemps
quid humeri recusent ferre,	ce que *vos* épaules refusent de porter,
quid valeant.	*et* ce qu'elles peuvent *porter*.
Nec facundia,	Ni l'abondance,
nec ordo lucidus	ni un ordre lumineux
deseret hunc	n'abandonnera celui
cui res erit lecta	par qui un sujet aura été choisi
potenter.	selon-ses-forces.
Virtus et venus ordinis	Le mérite et le charme de l'ordre
erit hæc, aut ego fallor,	sera celui-ci, ou je me trompe,
ut dicat jam nunc	que *l'on* dise maintenant même
debentia	les choses-qui-doivent
dici jam nunc,	être dites maintenant même,
differat pleraque,	que *l'on* diffère le reste *des choses*,
et omittat	et qu'*on les* réserve
in tempus præsens.	pour le moment favorable.
Etiam, auctor	De plus, que l'auteur
carminis promissi,	d'un poëme attendu-du-public,
tenuis cautusque	délicat et réservé
in verbis serendis,	dans les mots à unir (dans son style),
amet hoc,	aime telle *expression*,
spernat hoc.	*et* dédaigne telle *autre expression*.
Dixeris	Tu te seras exprimé
egregie,	d'une-manière-distinguée,

Reddiderit junctura novum. Si forte necesse est
Indiciis monstrare recentibus abdita rerum :
Fingere cinctutis non exaudita Cethegis   50
Continget, dabiturque licentia sumpta pudenter ;
Et nova fictaque nuper habebunt verba fidem , si
Græco fonte cadant, parce detorta. Quid autem
Cæcilio Plautoque dabit Romanus, ademptum
Virgilio Varioque? Ego cur, acquirere pauca   55
Si possum, invidecr, quum lingua Catonis[1] et Enni
Sermonem patrium ditaverit, et nova rerum
Nomina protulerit? Licuit semperque licebit
Signatum præsente nota producere nomen.
Ut sylvæ foliis pronos mutantur in annos,   60
Prima cadunt : ita verborum vetus interit ætas,
Et juvenum ritu florent modo nata, vigentque.

nieuse, rajeunir une expression surannée. Vous faut-il des termes nouveaux , pour exprimer des idées nouvelles : eh bien! vous créerez des mots inconnus à l'oreille de nos vieux Céthégus. Oui, vous aurez ce privilége, mais n'en abusez pas ; surtout, et alors, ces mots neufs, ces mots de création nouvelle sont assurés de faire fortune, si, dérivés du grec, ils se latinisent sans effort. Mais quoi? les Romains accorderaient-ils à Cécilius et à Plaute un droit qu'ils refuseraient à Virgile, à Varius? Et quelle raison de me reprocher, à moi, certaines innovations utiles, peut-être, quand la plume de Caton et d'Ennius sut enrichir la langue nationale d'une foule de mots qui n'existaient pas? — Non : s'il est un droit qu'on a toujours eu, qu'on aura toujours, c'est celui de mettre en circulation un mot frappé au coin de l'usage. Quand, au déclin des années, les forêts perdent leurs feuilles, ce sont les premières venues qui tombent les premières ainsi passent les mots vieillis, tandis que les nouveaux s'épanouissent,

si junctura callida	si une alliance ingénieuse
reddiderit novum	aura (a) rendu neuve
verbum notum.	une expression *déjà* connue.
Si forte	Si par hasard
est necesse monstrare	il est nécessaire de désigner
indiciis recentibus	par des termes nouveaux
abdita	les *parties* cachées (inconnues
rerum,	des choses (de la nature),
continget	il *t'*arrivera
fingere non exaudita	de créer des *mots* non entendus
Cethegis cinctutis;	des Céthégus couverts-du-cinctus;
licentiaque	et *une telle* liberté,
sumpta pudenter	prise avec-discrétion
dabitur;	*te* sera permise;
et verba nova	et les expressions nouvelles
fictaque nuper	et créées récemment
habebunt fidem,	obtiendront confiance (faveur),
si cadant	si elles tombent (si elles découlent)
fonte græco,	d'une source grecque,
detorta parce.	détournées peu (dérivées sans-effort).
Quid autem Romanus	Mais quel *droit* le *peuple* Romain
dabit Cæcilio Plautoque,	accordera-t-il à Cécilius et à Plaute,
ademptum	*droit* enlevé (refusé)
Virgilio Varioque?	à Virgile et à Varius?
Cur ego,	*Et* pourquoi moi,
si possum acquirere	si je puis acquérir (créer)
pauca,	des *mots* peu-nombreux (quelques mots),
invideor:	suis-je envié (blâmé):
quum lingua	lorsque la langue
Catonis et Enni	de Caton et d'Ennius
ditaverit sermonem	a enrichi le langage
patrium,	de-notre-pays (de-nos-pères),
et protulerit	et a mis-en-avant
nomina nova rerum?	des noms nouveaux de choses?
Licuit,	Il a été permis,
licebitque semper	et il sera permis toujours
producere	de produire (de mettre-en-circulation)
nomen signatum	un mot marqué
nota præsente.	d'un cachet présent (actuel).
Ut sylvæ	Quand les forêts
mutantur foliis	sont changées (changent) de feuilles,
in pronos annos,	vers le déclin de l'année,
prima	les *feuilles venues-les-*premières
cadunt:	tombent *les premières*:
ita interit	ainsi périt (disparaît)
ætas vetus verborum;	la génération antique des mots;
et nata modo	et les *mots* nés récemment

Debemur morti, nos nostraque ¹. Sive receptus
Terra Neptunus classes Aquilonibus arcet,
Regis opus; sterilisve diu palus², aptaque remis, 65
Vicinas urbes alit, et grave sentit aratrum;
Seu cursum mutavit iniquum frugibus amnis,
Doctus iter melius : mortalia facta peribunt,
Nedum sermonum stet honos et gratia vivax.
Multa renascentur quæ jam cecidere, cadentque 70
Quæ nunc sunt in honore vocabula, si volet usus,
Quem penes arbitrium est, et jus, et norma loquendi.
 Res gestæ regumque ducumque et tristia bella,
Quo scribi possent numero, monstravit Homerus.
 Versibus impariter junctis querimonia primum, 75
Post etiam inclusa est voti sententia compos.
Quis tamen exiguos elegos emiserit auctor,
Grammatici certant, et adhuc sub judice lis est.

 tout brillants de force et de jeunesse. Nous sommes voués à la mort, nous et tout ce qui vient de nous. Et ce bassin magnifique, chef-d'œuvre d'une main royale, ce port où Neptune voit flotter nos vaisseaux à l'abri des aquilons; et ce marais longtemps stérile, longtemps battu par la rame, aujourd'hui terre nourricière que sillonne la pesante charrue; et ces digues puissantes par qui un fleuve, jadis funeste aux moissons, apprit à suivre un cours meilleur : hélas, tous les ouvrages des mortels périront : et la langue seule garderait une fraîcheur, une grâce inaltérable! Que de mots sont déjà tombés, qui renaîtront un jour sans doute! combien d'autres, qui sont de mode aujourd'hui, tomberont à leur tour, si l'usage le veut jamais, l'usage, cet arbitre absolu, ce maître, ce régulateur du langage.

 Homère a montré sur quel ton peuvent se chanter les hauts faits des rois et des héros, et les horreurs de la guerre.

 Les distiques inégaux exprimèrent d'abord la douleur plaintive, et ensuite aussi la joie du bonheur. Mais quel est celui dont la muse soupira la première élégie? — Les érudits ne sont pas d'accord, et le procès est toujours pendant.

florent vigentque	fleurissent et ont-de-la-vigueur,
ritu juvenum.	à-la-manière des jeunes-gens.
Nos nostraque	Nous et ce-qui-vient-de-nous,
debemur morti.	nous sommes dus à la mort.
Sive Neptunus	Soit que Neptune (la mer)
receptus terrâ	reçu dans l'*intérieur* de la terre
arcet classes	défende *nos* flottes
Aquilonibus :	des Aquilons :
opus regis ;	ouvrage d'un roi ;
palusve, diu sterilis	soit qu'un marais, longtemps stérile
aptaque remis,	et propre aux rames (navigable),
alit urbes vicinas,	nourrisse les villes voisines,
et sentit aratrum grave ;	et sente la charrue pesante ;
seu amnis,	soit qu'un fleuve (le Tibre),
doctus iter melius,	instruit *à suivre* une voie meilleure,
mutavit cursum	ait changé *son* cours
iniquum frugibus :	*jadis* funeste aux moissons :
facta mortalia peribunt,	les ouvrages des-mortels périront,
nedum honos	bien-loin-que l'éclat
et gratia sermonum	et le charme des mots
stet vivax.	se maintienne vivacé.
Multa vocabula,	Beaucoup de mots,
quæ cecidere jam,	qui sont tombés déjà,
renascentur ;	renaîtront ;
quæque sunt	et *des mots* qui sont
in honore nunc,	en honneur maintenant,
cadent,	tomberont *un jour*,
si usus, penes quem est	si l'usage, au-pouvoir duquel est
arbitrium, et jus,	la toute-puissance, et l'autorité,
et norma loquendi,	et la règle du parler,
volet.	le veut *ainsi*.
Homerus monstravit	Homère a montré
quo numero	en quel rhythme (en quels vers)
res gestæ	les actions (les exploits)
regumque ducumque,	et des rois et des chefs,
et bella tristia,	et les guerres funestes,
possent scribi.	pouvaient (peuvent) être écrites.
Querimonia primum,	La plainte d'abord,
post etiam	*et* plus-tard aussi
sententia compos voti	la pensée au-comble de *son* vœu
est inclusa versibus	fut enfermée *en* des vers
junctis impariter.	joints inégalement.
Grammatici tamen	Les grammairiens cependant
certant	se disputent (ne-sont-pas-d'accord
quis auctor	*pour dire* quel auteur
emiserit exiguos elegos,	a mis-au-jour les petites élégies,
et lis est adhuc sub judice.	et le procès est encore sous le juge (à juger).

Archilochum proprio rabies armavit iambo :
Hunc socci cepere pedem grandesque cothurni, 80
Alternis aptum sermonibus, et populares
Vincentem strepitus, et natum rebus agendis.

Musa dedit fidibus Divos, puerosque Deorum,
Et pugilem victorem, et equum certamine primum,
Et juvenum curas, et libera vina referre. 85

Descriptas servare vices operumque colores,
Cur ego si nequeo ignoroque, poeta salutor?
Cur nescire, pudens prave, quam discere malo?

Versibus exponi tragicis res comica non vult;
Indignatur item privatis ac prope socco 90
Dignis carminibus narrari cœna Thyestæ.
Singula quæque locum teneant sortita decenter.
Interdum tamen et vocem comœdia tollit,
Iratusque Chremes [1] tumido delitigat ore ;
Et tragicus plerumque dolet sermone pedestri : 95
Telephus, aut [2] Peleus, quum pauper et exsul uterque,

La vengeance arma le fougueux Archiloque de son iambe redoutable ; puis le brodequin, et le cothurne majestueux adoptèrent l'iambique, si bien fait pour le dialogue : car il domine les bruits de l'amphithéâtre; il est né pour l'action.

L'ode inspirée chante sur la lyre les Dieux, et les héros fils des Dieux, et l'athlète couronné, et le coursier vainqueur dans la carrière, et les tourments de l'amour, et la libre gaîté des festins.

Mais, si je n'ai pas le talent d'assortir à chaque genre le rhythme et le ton qui lui conviennent, pourquoi me saluerait-on poëte ? pourquoi mon amour-propre insensé préfère-t-il l'ignorance à l'étude ?

Un sujet comique ne veut pas du style de la tragédie ; et de même je me révolterai, si l'on vient, en vers familiers, dignes tout au plus du brodequin, me conter l'horrible festin de Thyeste. Chaque genre doit garder la place que lui a si bien marquée la nature. Quelquefois pourtant la comédie même élève le ton : voyez comme la colère inspire à Chrémès des accents pathétiques. Souvent aussi la tragédie exprime avec simplicité ses douleurs : ainsi, Télèphe et Pélée, pauvres et bannis

Rabies	La rage (la soif de la vengeance)
armavit Archilochum	arma Archiloque
iambo proprio :	de l'iambe *qui lui est* propre :
socci	les brodequins (la comédie)
cothurnique grandes	et les cothurnes majestueux (la tragédie)
cepere hunc pedem,	prirent (adoptèrent) ce pied,
aptum sermonibus alternis,	propre aux discours dialogués,
et vincentem	et dominant
strepitus populares,	les tumultes populaires,
et natum rebus agendis.	et né pour les choses à faire (pour l'action).
Musa dedit fidibus	La Muse a donné aux lyres
referre Divos,	de rappeler (de chanter) les Dieux,
puerosque Deorum,	et les enfants des Dieux,
et pugilem victorem,	et l'athlète-en-pugilat vainqueur,
et equum primum	et le cheval premier (victorieux)
certamine,	dans le combat *de la course*,
et curas juvenum,	et les soucis des jeunes-gens,
et vina libera.	et les vins libres (qui rendent libre).
Cur ego	*Mais*, pourquoi moi
salutor poeta,	suis-je (serais-je) salué poëte,
si nequeo ignoroque	si je-ne-puis et ne-sais-pas
servare vices descriptas	observer les caractères marqués
coloresque	et les tons *distincts*
operum ?	des ouvrages (des genres différents) ?
Cur,	Pourquoi,
pudens prave,	ayant-une-honte mauvaise,
malo nescire	aimé-je mieux ne-pas-savoir
quam discere ?	que d'apprendre ?
Res comica	Un sujet comique
non vult exponi	ne veut pas être exposé
versibus tragicis ;	en vers tragiques ;
item, cœna Thyestæ	de même, le repas de Thyeste
indignatur narrari	s'indigne d'être raconté
carminibus privatis	en vers familiers
ac prope dignis socco.	et presque dignes du brodequin.
Quæque singula	Que tous *les sujets*, individuellement,
teneant locum,	gardent *leur* place,
sortita decenter.	l'ayant obtenue convenablement.
Interdum tamen	Quelquefois, cependant,
et comœdia tollit vocem,	même la comédie élève la voix,
Chremesque iratus	et Chrémès irrité
delitigat	gourmande *son fils*
ore tumido ;	d'une bouche gonflée-*par-la-colère*;
et plerumque	et bien-souvent *aussi*
tragicus	l'acteur-tragique (la tragédie)
dolet sermone pedestri :	se plaint en un langage pédestre (**simple**) :
Telephus aut Peleus,	Télèphe ou Pélée,

Projicit ampullas et sesquipedalia verba,
Si curat cor spectantis tetigisse querela.
    Non satis est pulchra esse poemata; dulcia sunto,
Et, quocumque volent, animum auditoris agunto.   100
Ut ridentibus arrident, ita flentibus adflent
Humani vultus. Si vis me flere, dolendum est
Primum ipsi tibi : tunc tua me infortunia lædent,
Telephe, vel Peleu ; male si mandata loqueris,
Aut dormitabo, aut ridebo. Tristia mœstum   105
Vultum verba decent; iratum, plena minarum;
Ludentem, lasciva; severum, seria dictu.
Format enim natura prius nos intus ad omnem
Fortunarum habitum : juvat, aut impellit ad iram,
Aut ad humum mœrore gravi deducit, et angit;   110
Post, effert animi motus interprete lingua.
Si dicentis erunt fortunis absona dicta,

tous les deux, rejettent bien loin l'emphase et la pompe des grands mots, s'ils tiennent à éveiller la sympathie des spectateurs.

Ce n'est pas assez pour la poésie de charmer l'oreille : il faut qu'elle touche le cœur, qu'elle remue, qu'elle entraîne. Le rire et les larmes provoquent chez l'homme ou la joie, ou la tristesse. Voulez-vous me faire pleurer : montrez d'abord vous-même une douleur véritable; alors Télephe, alors aussi, Pélée, je serai sensible à vos malheurs; mais si vous dites mal votre rôle, vous me ferez bâiller, ou rire. Il faut que les paroles soient, comme la physionomie, tristes dans l'affliction, menaçantes dans la colère, folâtres dans l'enjouement, graves dans la sévérité. La nature, en effet, commence par nous donner le sentiment qui convient à chaque situation : elle nous porte à la joie, ou nous excite à la colère, ou bien elle nous courbe sous le poids du chagrin, et nous déchire le cœur; ensuite, elle se sert de la parole, pour traduire les mouvements de notre âme. Si le ton du personnage n'est pas en harmonie avec sa position, nobles et plébéiens

quum uterque	lorsque l'un-et-l'autre
pauper et exsul,	*est* pauvre et exilé,
projicit ampullas	rejette les paroles-ampoulées
et verba sesquipedalia,	et les mots d'un-pied-et-demi (l'emphase),
si curat tetigisse	s'il tient à émouvoir
querela	par *sa* plainte
cor spectantis.	le cœur du spectateur.
Non est satis	Ce n'est pas assez
poemata esse pulchra ;	que les poëmes soient beaux ;
sunto dulcia,	*il faut* qu'ils soient touchants,
et agunto	et qu'ils entraînent
animum auditoris	l'âme de l'auditeur
quocumque volent.	partout-où ils voudront.
Ut vultus humani	De même que les visages humains
arrident ridentibus,	rient à ceux qui rient,
ita adflent flentibus.	de même ils pleurent à ceux qui pleurent.
Si vis me flere ;	Si tu veux que je pleure,
est dolendum	une douleur-*vraie*-doit-être-exprimée
tibi ipsi, primum :	par toi-même, d'abord :
tunc, Telephe, vel Peleu,	alors, Télèphe, ou Pélée,
tua infortunia lædent me ;	tes infortunes affligeront moi ;
si loqueris male	*mais* si tu dis mal
mandata,	les *choses qui te sont* confiées (ton rôle),
aut dormitabo,	ou je m'endormirai,
aut ridebo.	ou je rirai *de toi*.
Verba tristia	Des paroles tristes
decent vultum mœstum ;	conviennent à un visage chagrin ;
plena minarum,	*des paroles* pleines de menaces,
iratum ;	à un *visage* irrité ;
lasciva, ridentem ;	des *paroles* enjouées, à un *visage* riant ;
seria dictu,	des *choses* sérieuses à dire,
severum.	à un *visage* sévère.
Natura enim	La nature, en effet,
format nos intus prius	forme nous intérieurement d'abord
ad omnem habitum	à toute manière-d'être-extérieure
fortunarum :	des *différentes* fortunes :
juvat,	elle *nous* réjouit,
aut impellit ad iram,	ou elle *nous* pousse à la colère,
aut deducit ad humum	ou elle *nous* abaisse vers la terre
mœrore gravi,	par le chagrin pesant,
et angit ;	et elle *nous* tourmente ;
post, effert	ensuite, elle exprime
motus animi	les mouvements de *notre* âme
lingua interprete.	*avec* la langue interprète.
Si dicta	Si les *choses* dites
erunt absona	sont en-désaccord
fortunis	avec la fortune (la position)

Romani tollent equites peditesque cachinnum.
Intererit multum Davusne loquatur, an heros;
Maturusne senex, an adhuc florente juventa 115
Fervidus; an matrona potens, an sedula nutrix;
Mercatorne vagus, cultorne virentis agelli;
Colchus, an Assyrius; Thebis nutritus, an Argis.

Aut famam sequere, aut sibi convenientia finge,
Scriptor. Honoratum [1] si forte reponis Achillem : 120
Impiger, iracundus, inexorabilis, acer,
Jura neget sibi nata, nihil non arroget armis;
Sit Medea ferox invictaque, flebilis Ino,
Perfidus Ixion, Io vaga, tristis Orestes.

Si quid inexpertum scenæ committis, et audes 125
Personam formare novam : servetur ad imum
Qualis ab incepto processerit, et sibi constet.
Difficile est proprie [2] communia dicere ; tuque

éclateront de rire à l'envi. Gardez-vous de faire parler un esclave comme un héros; un vieillard expérimenté comme un jeune homme dans la fougue de l'âge ; une dame de qualité comme une humble nourrice : marquez la même différence entre le marchand qui court le monde, et le colon sédentaire d'un petit champ fertile ; entre le sauvage de la Colchide et l'Assyrien ; entre le citoyen de Thèbes et celui d'Argos.

Suivez la tradition, poëte ; ou bien, que dans vos fictions il règne un ensemble judicieux. Est-ce la vengeance d'Achille que vous remettez sur la scène : montrez-le-nous ardent, colère, inexorable, impétueux; qu'il se mette résolûment au-dessus des lois, et n'en appelle qu'à son épée. Montrez-nous Médée altière, inflexible; Ino gémissante; Ixion perfide ; Io toujours errante ; Oreste sombre et farouche.

Est-ce un sujet encore vierge que vous risquez au théâtre, un personnage nouveau que vous inventez : qu'il se soutienne jusqu'à la fin, tel qu'il s'est annoncé d'abord, sans jamais se démentir. Mais ces caractères généraux et abstraits, combien n'est-il pas difficile de les

dicentis,	de celui qui *les* dit,
equites Romani	les chevaliers Romains
peditesque	et les piétons (les plébéiens)
tollent cachinnum.	pousseront un éclat-de-rire.
Intererit multum	*Cela* différera beaucoup
Davusne loquatur,	si *c'est* Dave *qui* parle,
an heros;	ou un héros;
senexne maturus,	si *c'est* un vieillard mûri *par l'âge*,
an fervidus	ou un *homme* bouillant
juventa adhuc florente;	d'une jeunesse encore dans-sa-fleur;
an matrona potens,	si *c'est* une dame puissante,
an nutrix sedula;	ou une nourrice attentive (humble)
mercatorne vagus,	si *c'est* un marchand courant-le-monde,
cultorne	ou le cultivateur
agelli virentis;	d'un petit-champ verdoyant;
Colchus,	si *c'est* un habitant-de-la-Colchide,
an Assyrius;	ou un Assyrien;
nutritus Thebis,	un *homme* nourri (élevé) à Thèbes,
an Argis.	ou *un homme nourri* dans Argos.
Scriptor,	Écrivain,
aut sequere famam,	ou suis la renommée (la tradition),
aut finge	ou invente *des choses*
convenientia sibi.	qui-soient-d'accord-avec elles-mêmes.
Si forte reponis	Si par hasard tu remets *en scène*
Achillem honoratum;	Achille vengé;
impiger, iracundus,	*qu'il soit* ardent, colère,
inexorabilis, acer,	inexorable, impétueux;
neget jura	qu'il nie que les lois
nata sibi,	soient nées (soient faites) pour lui;
arroget non-nihil armis;	qu'il s'arroge tout par les armes;
Medea sit ferox	Que Médée soit fière
invictaque,	et invaincue (inflexible),
Ino flebilis,	*qu'*Ino *soit* gémissante,
Ixion perfidus,	*qu'*Ixion *soit* perfide,
Io vaga,	*qu'*Io *soit* vagabonde,
Orestes tristis.	*qu'*Oreste *soit* sombre.
Si committis scenæ	Si tu confies à la scène
quid inexpertum,	quelque-*sujet* non-*encore*-traité,
et audes formare	et *si* tu oses créer
personam novam:	un personnage nouveau:
servetur	qu'il soit maintenu
ad imum	jusqu'en bas (jusqu'à la fin)
qualis processerit	tel qu'il se sera avancé (montré)
ab incepto,	dès le commencement,
et constet sibi.	et qu'il soit-fidèle à lui-même.
Est difficile dicere	Il est difficile de traiter (de créer)
proprie	d'une manière-propre-et-déterminée

Rectius Iliacum carmen deducis in actus,
Quam si proferres ignota indictaque primus. 130
Publica materies privati juris erit, si
Non circa vilem patulumque moraberis orbem,
Nec verbum verbo curabis reddere, fidus
Interpres; nec desilies imitator in arctum,
Unde pedem proferre pudor vetet, aut operis lex. 135
Nec sic incipies, ut scriptor cyclicus olim :
« Fortunam Priami cantabo et nobile bellum.... »
Quid dignum tanto feret hic promissor hiatu? —
Parturiunt montes, nascetur ridiculus mus.
Quanto rectius hic, qui nil molitur inepte : 140
« Dic mihi, Musa, virum, captæ post tempora Trojæ,
Qui mores hominum multorum vidit[1] et urbes. »
Non fumum ex fulgore, sed ex fumo dare lucem
Cogitat, ut speciosa dehinc miracula promat :
Antiphaten Scyllamque, et cum Cyclope Charybdim. 145

---

personnifier! vous ferez donc plus sagement de mettre en action quelque épisode de l'Iliade, que d'introduire, le premier, sur la scène une fable étrange et des personnages inconnus. Un sujet déjà populaire deviendra la propriété de l'auteur, à condition qu'il ne se traîne pas sans gloire dans l'ornière banale, et ne calque pas servilement son modèle : mais qu'il n'aille pas non plus, imitateur sans idées, se jeter dans un cercle trop étroit, où le tiendrait captif l'amour propre, ou le plan du poëme. Enfin, qu'il ne débute pas, comme autrefois le poëte cyclique, en nous criant · « Je chanterai la fortune de Priam, et cette guerre fameuse.... » Quelles merveilles attendre après un début si emphatique? Hélas!...

La montagne en travail enfante une souris....

Ah! que j'aime mieux ce poëte plein d'adresse qui, sans se battre les flancs, nous dit : « Muse, chantez ce héros qui, après la chute de Troie, parcourut tant de contrées, et observa les mœurs de tant de peuples divers. » Chez lui, ce n'est pas la fumée qui succède à la lumière : mais de la fumée il fait jaillir une flamme éclatante; puis sa muse va nous prodiguer les récits merveilleux : Antiphate et Scylla, et Charybde et Polyphème. Ce n'est pas lui qui remonte à

communia;	les *caractères* généraux-et-abstraits;
tuque, deducis in actus	et toi, tu mets en actes (en tragédie)
carmen Iliacum	un poëme tiré-de-l'Iliade
rectius,	avec-plus-de-raison,
quam si, primus,	que si, le premier,
proferres	tu mettais-en-avant
ignota	des *choses* inconnues
indictaque.	et non-*encore*-traitées.
Materies publica	Un sujet public
erit juris privati,	sera de *ton* droit privé (sera tien),
si non moraberis	si tu ne restes pas
circa orbem vilem	dans l'ornière banale
patulumque;	et ouverte *à tout le monde;*
nec curabis,	et *si* tu ne t'attaches pas,
interpres fidus,	interprète *trop* fidèle,
reddere verbum verbo;	à rendre mot pour mot;
nec desilies,	et *si* tu ne te jettes pas,
imitator,	imitateur *servile*,
in arctum	dans un *cercle* étroit (une difficulté),
unde pudor,	d'où la honte,
aut lex operis	ou la loi de l'ouvrage (le plan du poëme)
vetet proferre pedem.	t'empêche de retirer le pied.
Nec incipies sic,	Et tu ne commenceras pas ainsi,
ut olim scriptor cyclicus:	comme autrefois un poëte cyclique.
« Cantabo	« Je chanterai (je vais chanter)
« fortunam Priami	« la fortune (les malheurs) de Priam
« et bellum nobile... »	« et *cette* guerre mémorable... »
quid hic promissor feret	quelle chose ce prometteur produira-t-il
dignum	*qui soit* digne
hiatu tanto? —	d'une ouverture-de-bouche aussi-grande?-
Montes	Les montagnes
parturiunt:	sont-en-travail-d'enfant:
mus ridiculus nascetur.	un rat ridicule naîtra *d'elles*.
Quanto rectius	Combien mieux *il agit*,
hic qui molitur nil	ce *poëte* qui n'entreprend rien
inepte:	d'une manière ridicule:
« Musa, dic mihi virum,	« Muse, dis (chante) à moi le héros,
« qui, post tempora	« qui, après les temps (l'époque)
« Trojæ captæ,	« de Troie prise,
« vidit mores et urbes	« vit (observa) les mœurs et les villes
« hominum multorum... »	« d'hommes (de peuples) nombreux. »
Non cogitat	Il ne songe pas, *lui*,
dare fumum ex fulgore,	à donner la fumée après la lumière,
sed lucem ex fumo,	mais la lumière après la fumée,
ut promat dehinc	afin d'étaler ensuite
miracula speciosa:	des merveilles éclatantes:
Antiphaten Scyllamque,	*savoir*, Antiphate et Scylla,

Nec reditum Diomedis ab interitu Meleagri,
Nec gemino bellum Trojanum orditur ab ovo.
Semper ad eventum festinat, et in medias res,
Non secus ac notas, auditorem rapit; et, quæ
Desperat tractata nitescere posse, relinquit.   150
Atque ita mentitur, sic veris falsa remiscet,
Primo ne medium, medio ne discrepet imum.

   Tu, quid ego, et populus mecum desideret, audi.
Si plausoris eges aulæa [1] manentis, et usque
Sessuri donec cantor « *Vos plaudite* » dicat;   155
Ætatis cujusque notandi sunt tibi mores,
Mobilibusque decor naturis dandus et annis.

   Reddere qui voces jam scit puer [2], et pede certo
Signat humum, gestit paribus colludere, et iram
Colligit ac ponit temere, et mutatur in horas.   160
   Imberbus juvenis, tandem custode remoto,

la mort de Méléagre, pour raconter le retour de Diomède; ni aux deux œufs de Léda, pour chanter la guerre de Troie. Lui, il court au dénouement, toujours; il vous jette au milieu des faits, comme si vous saviez tout déjà; et les épisodes qu'il désespère d'embellir par ses vers, il les sacrifie. Enfin, dans ses heureuses fictions, il mêle avec tant d'art la fable et la vérité, que toutes les parties de son poëme ont une harmonieuse proportion.

Sachez donc ce qu'il faut pour me plaire, et pour plaire au public. Charmer le spectateur, le captiver jusqu'à la fin, le forcer de répondre par ses applaudissements à l'acteur qui vient lui dire : *applaudissez....* c'est là votre ambition ? — Eh bien! distinguez avec soin les mœurs des différents âges. Le caractère change avec les années : faites habilement la part de ces années qui nous changent.

A peine il sait bégayer quelques mots, et se tenir sur ses jambes, l'enfant brûle de jouer avec les enfants; un rien le fâche, un rien l'apaise; son humeur varie à chaque instant.

L'adolescent imberbe, qui est libre, enfin, et hors de tutelle, adore

et Charybdim cum Cyclope.	et Charybde avec le Cyclope.
Nec orditur	Et il ne commence pas
reditum Diomedis	le retour de Diomède
ab interitu Meleagri,	à la mort de Méléagre,
nec bellum Trojanum	ni la guerre de-Troie
ab ovo gemino.	aux deux œufs *de Léda*.
Festinat semper	Il se hâte toujours
ad eventum,	vers l'événement,
et rapit auditorem	et il entraîne *son* auditeur
in res medias,	au milieu des faits,
non secus ac notas;	non autrement que *s'ils lui étaient* connus;
et relinquit	et il abandonne (il sacrifie)
quæ desperat	les *choses* lesquelles il n'espère-pas
posse nitescere,	pouvoir jeter-de-l'éclat,
tractata.	*si elles étaient* traitées.
Atque mentitur ita,	Et il ment (il invente) de telle-manière,
miscet falsa veris	il mêle les fictions aux *choses* vraies
sic,	de-telle-manière,
ne medium discrepet	que le milieu n'est-pas-en-désaccord
primo,	avec le commencement,
ne imum medio.	ni la fin avec le milieu.
Tu, audi	Toi, apprends (sache)
quid ego	ce-que j'*exige*, moi,
et populus desideret mecum.	et *ce que* le peuple exige avec moi.
Si eges plausoris	Si tu désires un approbateur
manentis aulæa,	qui attende les rideaux (la fin),
et sessuri usque	et qui-doive-rester-assis toujours
donec cantor dicat:	jusqu'à-ce-que le chanteur dise :
Vos plaudite !	« *Vous, applaudissez !* »
mores cujusque ætatis	les mœurs de chaque âge
sunt notandi tibi,	doivent être observées par toi,
decorque dandus	et la couleur-propre doit être donnée
naturis et annis	aux caractères et aux années
mobilibus.	qui-changent.
Puer, qui scit jam	L'enfant, qui sait déjà
reddere voces,	prononcer les mots,
et signat humum	et *qui* marque la terre
pede certo,	d'un pied assuré,
gestit	désire-ardemment
colludere paribus,	jouer-avec *ses* égaux-d'âge,
et colligit iram	et il prend la colère
ac ponit temere,	et il *la* quitte sans-réflexion,
et mutatur	et il est changé (il change)
in horas.	d'heure-en-heure (à chaque instant).
Juvenis imberbus,	Le jeune-homme imberbe,
custode remoto	quand son gouverneur a été éloigné
tandem,	enfin,

Gaudet equis canibusque et aprici gramine Campi;
Cereus in vitium flecti, monitoribus asper,
Utilium tardus provisor, prodigus æris,
Sublimis, cupidusque, et amata relinquere pernix. 165
    Conversis studiis, ætas animusque virilis
Quærit opes et amicitias, inservit honori,
Commisisse cavet quod mox mutare laboret.
    Multa senem circumveniunt incommoda : vel quod
Quærit, et inventis miser abstinet ac timet uti ; 170
Vel quod res omnes timide gelideque ministrat,
Dilator, spe lentus [1], iners, pavidusque futuri,
Difficilis, querulus, laudator temporis acti...
Se puero, censor castigatorque minorum.
    Multa ferunt anni venientes commoda secum, 175
Multa recedentes adimunt. Ne forte seniles
Mandentur juveni partes, pueroque viriles,

---

les chevaux, les chiens, le Champ-de-Mars : cire docile aux impressions du vice, il est rebelle à la censure ; il vit au jour le jour, il est dépensier, présomptueux, plein de désirs, capricieux et volage.

    L'âge viril a des goûts différents : l'homme fait est ambitieux ; il songe à la fortune, aux amitiés utiles, aux honneurs ; il calcule bien, pour n'avoir point à revenir un jour sur ses pas.

    Bien des travers assiégent le vieillard : il amasse toujours, et, pauvre dans sa richesse, il ne jouit pas de son or, il craint d'y toucher. Timide et glacé en toutes choses, remettant sans cesse, espérant peu, sans énergie, tremblant pour l'avenir, quinteux, maussade, il n'a d'éloges que pour *le bon vieux temps !...* le temps de son enfance ; et son humeur chagrine s'en prend à tout ce qui est jeune.

    Les années, jusqu'à un certain point, nous apportent avec elles bien des avantages ; puis, en déclinant, elles nous les ravissent. Tenez-vous à ne faire parler ni un jeune homme en vieillard, ni un

gaudet equis	est charmé par les chevaux,
canibusque, et gramine	et par les chiens, et par le gazon
Campi aprici;	du Champ-*de-Mars* exposé-au-soleil;
cereus	*il est* de-cire (flexible comme la cire)
flecti in vitium,	à être plié (façonné) au vice,
asper monitoribus,	récalcitrant à ceux qui *l*'avertissent;
provisor tardus	pourvoyeur tardif
utilium,	des *choses* utiles,
prodigus æris,	prodigue d'argent,
sublimis cupidusque,	présomptueux et plein-de-désirs,
et pernix relinquere	et prompt à quitter
amata.	les *choses qu'il a* aimées.
Studiis conversis,	Ces goûts étant changés,
ætas virilis animusque	l'âge viril et le caractère *viril*
quærit opes	recherche le crédit
et amicitias,	et les amitiés *utiles,*
inservit honori,	il est-esclave des honneurs,
cavet commisisse	*et* prend-garde de commettre
quod mox	une *chose* que bientôt
laboret mutare.	il aurait-la-peine de changer.
Incommoda multa	Des inconvénients nombreux
circumveniunt senem :	entourent le vieillard :
vel quod quærit,	soit parce qu'il amasse;
et miser	et *que,* malheureux,
abstinet inventis,	il s'abstienne des *choses* amassées,
ac timet uti;	et craint d'*en* user (d'en jouir);
vel quod ministrat	soit parce qu'il administre
omnes res	toutes les affaires
timide gelideque,	timidement et d'une-manière-glacée,
dilator,	temporiseur,
lentus spe,	lent dans l'espérance (espérant peu),
iners,	sans-énergie (irrésolu),
pavidusque futuri,	et ayant-peur de l'avenir,
difficilis, querulus,	difficile, se-plaignant-*toujours*,
laudator temporis acti	louangeur du temps passé
se puero,	*quand* lui-même *était* enfant,
censor castigatorque	censeur et grondeur
minorum.	des *personnes* plus jeunes.
Anni venientes	Les années *en* venant
ferunt secum	*nous* apportent avec elles
commoda multa;	des avantages nombreux;
recedentes,	*et en* s'en retournant (en déclinant),
adimunt multa.	elles *nous en* ôtent beaucoup *aussi.*
Ne partes seniles	Pour qu'un rôle de-vieillard
mandentur	ne soit pas confié
forte juveni,	par hasard à un jeune-homme,
virilesque puero,	ni *un rôle* d'homme-fait à un enfant;

Semper in adjunctis ævoque morabimur aptis.

Aut agitur res in scenis, aut acta refertur.
Segnius irritant animos demissa per aurem, 480
Quam quæ sunt oculis subjecta fidelibus, et quæ
Ipse sibi tradit spectator : non tamen intus [1]
Digna geri promes in scenam; multaque tolles
Ex oculis, quæ mox narret facundia præsens [2].
Ne pueros coram populo Medea trucidet; 485
Aut humana palam coquat exta nefarius Atreus;
Aut in avem Procne vertatur, Cadmus in anguem :
Quodcumque ostendis mihi sic, incredulus odi [3].
Neve minor, neu sit quinto productior actu
Fabula, quæ posci vult, et spectata reponi. 490
Nec Deus intersit, nisi dignus vindice nodus
Inciderit; nec quarta loqui persona laboret.

Actoris partes Chorus officiumque virile
Defendat; neu quid medios intercinat actus,

---

enfant en homme mûr : attachez-vous scrupuleusement à peindre les traits et la physionomie de chaque âge.

Un fait s'accomplit sur la scène, ou bien un récit nous l'expose. Mais le récit ne s'adresse qu'à l'oreille, et il agit moins vivement sur l'esprit, que ces tableaux animés dont l'œil fidèle transmet directement à l'âme la sympathique émotion. Cependant, ne mettez pas sur la scène ce qui ne doit pas avoir le public pour témoin, et dérobez à ses regards certaines catastrophes que lui redira bientôt un récit dramatique. Que Médée ne vienne pas égorger ses enfants sous les yeux du peuple; ni l'horrible Atrée faire bouillir, en plein théâtre, des entrailles humaines. Je ne veux pas voir Procné se métamorphosant en oiseau, ni Cadmus en serpent : un pareil spectacle me révolterait, sans me faire illusion. Donnez à votre pièce cinq actes, ni moins, ni plus, si vous voulez qu'on la redemande et qu'on la joue souvent. Ne faites pas intervenir un Dieu, si l'intrigue n'est à la hauteur d'un tel dénouement, et n'embarrassez pas le dialogue d'un quatrième personnage.

Le Chœur remplira le rôle et l'office d'un acteur; tout ce qu'il

morabimur semper	nous nous tiendrons toujours
in adjunctis	dans les *caractères* assortis
aptisque ævo.	et propres à *chaque* âge.
Aut res agitur in scenis,	Ou une action se passe sur la scène,
aut, acta,	ou bien, ayant été faite,
refertur.	elle *y* est racontée.
Demissa per aurem	*Les choses* qu'on-fait-entrer par l'oreille
irritant animos segnius,	impressionnent l'esprit moins-vivement,
quam quæ sunt subjecta	que celles-qui sont soumises
oculis fidelibus,	aux yeux fidèles,
et quæ spectator	et que le spectateur
ipse tradit sibi :	lui-même transmet à soi-même :
tamen	cependant
non promes in scenam	tu ne mettras pas sur la scène
digna geri intus ;	les *choses* qui doivent être faites au-dedans;
tollesque ex oculis	et tu éloigneras des yeux
multa, quæ facundia	bien *des choses*, qu'un récit
præsens	rendant-les-objets-présents
narret mox.	racontera bientôt.
Ne Medea trucidet pueros	Que Médée n'égorge pas *ses* enfants
coram populo ;	en-présence du peuple ;
aut nefarius Atreus	ou que le criminel Atrée
coquat palam	*ne* fasse-*pas*-bouillir en-public
exta humana ;	des entrailles humaines ;
aut Procne	ou bien que Procné
vertatur in avem,	*ne* soit *pas* changée en oiseau,
Cadmus in anguem :	*ni* Cadmus en serpent :
odi, incredulus,	Je hais (je repousse), incrédule,
quodcumque ostendis mihi	tout ce que tu montres à moi
sic.	de-cette-manière.
Fabula,	Qu'une pièce-de-théâtre,
quæ vult posci,	qui veut être *redemandée*,
et, spectata,	et, ayant été vue *déjà*,
reponi,	être remise *à la scène*,
ne sit minor ve	ne soit ni plus courte
neu productior	ni plus longue
actu quinto.	que l'acte cinquième (cinq actes).
Nec Deus intersit,	Et qu'un Dieu n'y intervienne pas,
nisi nodus	à moins qu'un nœud
dignus vindice	digne d'un *tel* libérateur
inciderit ;	ne se soit présenté ;
nec quarta persona	et qu'un quatrième personnage
laboret loqui.	ne s'efforce pas de parler.
Chorus defendat	Que le Chœur défende (remplisse)
partes officiumque virile	le rôle et l'office individuel
actoris ;	d'un *seul* acteur ;
neu intercinat	et qu'il ne chante-pas-entre

Quod non proposito conducat et hæreat apte. 195
Ille bonis faveatque et consilietur amice,
Et regat iratos, et amet peccare timentes;
Ille dapes laudet, mensæ brevis ; ille salubrem
Justitiam, legesque, et apertis otia portis;
Ille tegat commissa, Deosque precetur, et oret 200
Ut redeat miseris, abeat fortuna superbis.

Tibia, non ut nunc orichalco vincta, tubæque
Æmula, sed tenuis simplexque foramine pauco,
Adspirare et adesse choris erat utilis, atque
Nondum spissa nimis complere sedilia flatu, 205
Quo sane populus numerabilis, utpote parvus,
Et frugi, castusque verecundusque coibat.
Postquam cœpit agros extendere victor; et Urbem
Latior amplecti murus; vinoque diurno
Placari Genius festis impune diebus : 210

chante dans les entr'actes, doit concourir à l'action, et se rattacher essentiellement au sujet. Le Chœur est le défenseur naturel, le conseiller, l'ami de la vertu ; c'est lui qui apaise les ressentiments et glorifie l'innocence ; c'est lui qui chante la frugalité, la tempérance, les bienfaits de la justice, les lois tutélaires, et la paix et les tranquilles loisirs des cités : confident discret et sûr, c'est lui, enfin, qui prie, qui conjure les Dieux de relever l'honnête homme abattu, et d'humilier l'orgueil triomphant.

La flûte n'avait pas jadis cette monture de laiton qui en fait, de nos jours, la rivale de la trompette : simple et modeste, percée de quelques trous seulement, elle servait à donner le ton, et à soutenir les chœurs. Alors elle suffisait à remplir de ses sons un théâtre que n'encombrait pas encore une foule immense, et où se réunissait un peuple facile à compter ; car il était peu nombreux : peuple frugal, vertueux et austère. Mais quand, peu à peu, la victoire eut agrandi ses domaines, et reculé la ceinture de ses murailles ; quand, du matin au soir, le vin put couler impunément, les jours de fête,

medios actus	le milieu des actes
quid, quod non conducat	quelque chose qui ne soit-pas-utile
et hæreat apte	et *ne* se rattache *pas* étroitement
proposito.	au sujet *de la pièce.*
Ille	Que lui (le Chœur),
faveatque bonis,	et favorise les bons,
et consilietur amice,	et *les* conseille amicalement,
et regat iratos,	et qu'il modère les *esprits* irrités,
et amet	et qu'il aime
timentes peccare;	ceux qui craignent de faire-le-mal;
ille laudet dapes	qu'il vante les mets
mensæ brevis;	d'une table courte (frugale);
ille justitiam salubrem,	*qu'il vante* la justice salutaire,
legesque, et otia	et les lois, et les loisirs *de la paix*
portis apertis;	aux portes ouvertes;
ille tegat commissa,	qu'il cache les *choses* confiées *à lui,*
preceturque et oret Deos.	et qu'il prie et supplie les Dieux
ut fortuna	*de faire* que la fortune
redeat miseris,	revienne aux malheureux,
abeat superbis.	*et* qu'elle s'éloigne des orgueilleux.
Tibia, non vincta	La flûte, non attachée
orichalco,	avec du laiton,
æmulaque tubæ,	et rivale de la trompette,
ut nunc,	comme maintenant,
sed tenuis simplexque	mais faible et simple
foramine pauco,	par *ses* trous peu-nombreux,
erat utilis	était utile
adspirare choris	pour donner-le-ton aux chœurs
et adesse,	et pour *les* accompagner,
atque complere flatu	et pour remplir de *son* souffle
sedilia	les siéges (les gradins)
nondum nimis spissa,	non-encore trop serrés,
quo coibat populus	où se réunissait un peuple
numerabilis sane,	qu'on-pouvait-compter certainement
utpote parvus,	attendu qu'*il était* petit,
et frugi,	et sobre (et frugal),
castusque,	et chaste (et vertueux),
verecundusque.	et plein-de-retenue.
Postquam, victor,	Après que *ce même peuple*, vainqueur,
cœpit extendere	eut commencé à étendre
agros;	*ses* champs (son territoire);
et murus latior	et *qu'*un mur plus vaste
amplecti Urbem;	*eut commencé* à entourer la ville (Rome);
Geniusque	et *que* le Génie (le dieu de la joie)
placari impune,	*eut commencé* à être apaisé impunément,
diebus festis,	les jours de-fête,
vino diurno?	avec du vin bu-toute-la-journée?

Accessit numerisque modisque licentia major.
Indoctus quid enim saperet liberque laborum
Rusticus, urbano confusus, turpis honesto?
Sic priscæ motumque et luxuriem addidit arti
Tibicen, traxitque vagus per pulpita vestem. 215
Sic etiam fidibus voces crevere severis,
Et tulit eloquium insolitum facundia præceps;
Utiliumque sagax rerum et divina futuri
Sortilegis non discrepuit sententia [1] Delphis.

Carmine qui tragico vilem certavit ob hircum, 220
Mox etiam agrestes Satyros nudavit, et asper,
Incolumi gravitate, jocum tentavit : eo quod
Illecebris erat et grata novitate morandus
Spectator functusque sacris, et potus, et exlex.
Verum ita risores, ita commendare dicaces 225
Conveniet Satyros, ita vertere seria ludo,

en l'honneur du dieu des plaisirs : alors on vit s'introduire dans les vers et dans la musique une liberté plus grande. Quel espoir, en effet, d'intéresser autrement le paysan grossier, qui, son labeur terminé, accourait au théâtre, et là, spectateur ignorant et rustique, coudoyait le citadin poli et délicat? C'est ainsi qu'à son art primitif le joueur de flûte ajouta la danse, le luxe des costumes, et cette robe traînante qu'il promena sur la scène; c'est ainsi que la lyre sévère s'enrichit de cordes nouvelles : alors, la poésie lyrique, plus hardie, prit un essor inconnu ; et, dans ses conseils pleins de sagesse, comme dans ses révélations prophétiques, le Chœur emprunta le mystérieux langage de la Pythonisse.

Celui dont la muse tragique disputa sur la scène un vil bouc, prix du vainqueur, y montra aussi bientôt les Satyres dans leur sauvage nudité, et il voulut que leur causticité moqueuse égayât, sans la compromettre, la sévère tragédie : car il fallait bien l'amorce d'une nouveauté piquante, pour amuser un public qui revenait des sacrifices, et dont le vin offusquait la raison. Mais prenez-y garde : ces Satyres mordants et railleurs, posez-les décemment; qu'ils

licentia major accessit	une licence plus grande s'ajouta
numerisque	et aux nombres (aux vers),
modisque.	et aux mesures (au chant).
Quid enim saperet	Quelle chose, en effet, pouvait-goûter
rusticus indoctus	le paysan ignorant
liberque laborum,	et libre de *ses* travaux,
confusus urbano,	mêlé au citadin,
turpis honesto?	l'*homme* grossier *mêlé* à l'*homme* poli?
Sic tibicen	Ainsi le joueur-de-flûte
addidit arti priscæ	ajouta à *son* art ancien
motumque,	et le mouvement (la danse),
et luxuriem;	et le luxe *du costume;*
vagusque	et se-promenant
traxit vestem	il traîna une *longue* robe
per pulpita.	sur les théâtres.
Sic etiam	Ainsi, encore,
voces crevere	les voix (les tons) s'accrurent
fidibus severis,	aux lyres *jadis* sévères,
et facundia præceps	et l'éloquence rapide
tulit eloquium insolitum;	prit un langage inaccoutumé;
sententiaque,	et la pensée *du Chœur,*
sagax	pleine-de-sagacité
rerum utilium	dans les choses (les conseils) utiles,
et divina futuri,	et prophétisant l'avenir,
non discrepuit	ne différa point (ne différa plus)
Delphis sortilegis.	*du ton* de Delphes qui-rend-des-oracles.
Qui certavit	Celui qui combattit
carmine tragico	en vers tragiques
ob hircum vilem,	pour un bouc vil,
mox etiam nudavit	bientôt aussi montra-nus
Satyros agrestes,	les Satyres champêtres;
et, asper,	et, railleur-caustique,
tentavit jocum,	il essaya un genre-plaisant,
gravitate incolumi:	la gravité *de la tragédie* étant sauve:
eo quod spectator	par ce *motif* qu'un spectateur
functusque sacris,	et s'étant acquitté des sacrifices,
et potus,	et ayant *bien* bu,
et exlex,	et *étant* au-dessus-des lois (sans retenue),
erat morandus	devait être intéressé (amusé)
illecebris	par des charmes *nouveaux*
et novitate grata.	et par une nouveauté attrayante.
Verum conveniet	Mais il conviendra
commendare	de confier *à la scène*
Satyros risores,	les Satyres moqueurs,
dicaces,	*et* diseurs-de-bons-mots,
ita, ita....;	de telle façon, de telle façon...;
vertere	*il conviendra* de tourner

Ne, quicumque deus, quicumque adhibebitur heros,
Regali conspectus in auro nuper et ostro,
Migret in obscuras humili sermone tabernas,
Aut, dum vitat humum, nubes et inania captet. 230
Effutire leves indigna tragœdia versus,
Ut festis matrona moveri jussa diebus,
Intererit Satyris paulum pudibunda protervis.

Non ego inornata et dominantia nomina solum
Verbaque, Pisones, Satyrorum scriptor, amabo; 235
Nec sic enitar tragico differre colori,
Ut nihil intersit Davusne loquatur, et audax
Pythias, emuncto lucrata Simone talentum,
An custos famulusque Dei Silenus alumni.
Ex noto fictum carmen sequar, ut sibi quivis 240
Speret idem, sudet multum, frustraque laboret,
Ausus idem : tantum series juncturaque pollet!

soient comiques, et non pas burlesques. Il ne faut pas que vos Dieux et vos héros, quand on vient de les voir, tout brillants d'or et se pavanant sous la pourpre des rois, descendent à l'ignoble langage des tavernes enfumées; ou que, par crainte de la terre, ils aillent se perdre dans les nues. La tragédie ne doit jamais tomber dans le bouffon : comme la grande dame obligée de danser en public, un jour de fête, elle ne se montrera qu'avec une pudique rougeur au milieu des Satyres effrontés.

Pour moi, jeunes Pisons, je n'affecterais, dans un drame Satyrique, ni un style sans élégance, ni un dialogue trivial. Je ne viserais pas non plus au ton de la tragédie ; mais je n'aurais garde de confondre les facéties d'un Dave, ou de cette friponne de Pythias, escroquant les écus du bonhomme Simon qu'elle enjôle, avec le langage de Silène, gardien fidèle, serviteur et nourricier de Bacchus. Je prendrais le sujet de ma pièce dans le domaine commun. Chacun aurait l'ambition d'en faire autant, d'abord ; et puis, après avoir sué sang et eau, on quitterait la partie : tant l'ordre et l'harmonie ont de valeur dans un

ART POÉTIQUE.

seria ludo	les *choses* sérieuses à la plaisanterie
ita, ne	de telle façon, que,
quicumque deus,	n'importe-quel dieu,
quicumque heros	n'importe-quel héros
adhibebitur,	sera mis-en-scène,
conspectus nuper	ayant été vu tout-à-l'heure
in auro regali	dans l'or des-rois
et ostro,	et dans la pourpre,
migret sermone humili	*il* ne passe point par un langage trivial
in tabernas obscuras;	dans les cabarets enfumés;
aut captet	ou qu'il *ne*-cherche-*pas*-à saisir
nubes et inania,	les nues et les *espaces* vides,
dum vitat humum.	tandis qu'il évite la terre.
Tragœdia,	La tragédie,
indigna effutire	qui-ne-doit-pas débiter-à-la-légère
versus leves,	des vers burlesques,
intererit	se trouvera-parmi
Satyris protervis	les Satyres impudents
paulum pudibunda,	un-peu rougissante-de-honte,
ut matrona	comme une dame *romaine*
jussa moveri	obligée de danser
diebus festis.	aux jours de fête.
Ego, Pisones,	*Pour* moi, Pisons,
scriptor Satyrorum,	auteur de *drames*-satyres,
non amabo solum	je n'aimerai pas exclusivement
nomina verbaque	des mots et des termes
inornata et dominantia;	dépourvus-d'ornement et vulgaires;
nec enitar	et je ne m'efforcerai pas *non plus*
differre colori tragico,	de m'éloigner du ton de-la-tragédie,
sic ut nihil intersit	de telle façon que rien ne diffère,
Davusne loquatur,	si *c'est* Dave *qui* parle,
et audax Pythias	et l'effrontée Pythias
lucrata talentum	qui a attrapé un talent
Simone emuncto,	au *vieux* Simon dupé,
an Silenus,	ou bien *si c'est* Silène,
custos famulusque	gardien et serviteur
Dei alumni.	du Dieu (Bacchus) *son* nourrisson.
Sequar	Je suivrai (je développerai)
carmen fictum	*mon* poëme inventé (ma fable),
ex noto,	d'après un *sujet* connu,
ut quivis	de manière que le-premier-venu
speret idem sibi,	puisse-espérer le même *succès* pour lui,
sudet multum	mais qu'il sue beaucoup
laboretque frustra,	et qu'il travaille en-vain,
ausus idem:	ayant osé *tenter* la même chose:
tantum series juncturaque	tant l'enchaînement et l'ensemble
pollet!	ont-de-force (de valeur)!

Tantum de medio sumptis accedit honoris!
   Sylvis deducti caveant, me judice, Fauni,
Ne, velut innati triviis ac pene forenses, 245
Aut nimium teneris juvenentur versibus unquam,
Aut immunda crepent ignominiosaque dicta.
Offenduntur enim, quibus est equus, et pater, et res;
Nec, si quid fricti ciceris probat et nucis emptor,
Æquis accipiunt animis, donantve corona. 250
   Syllaba longa, brevi subjecta, vocatur iambus,
Pes citus : unde etiam *trimetris* accrescere jussit
Nomen iambeis, quum senos redderet ictus,
Primus ad extremum similis sibi. Non ita pridem,
Tardior ut paulo graviorque veniret ad aures, 255
Spondeos stabiles in jura paterna recepit,
Commodus et patiens; non ut de sede secunda
Cederet, aut quarta socialiter. Hic et in Acci

poëme! tant l'art peut donner de relief aux fictions les plus vulgaires!

Mais qu'au sortir de leurs forêts, les Faunes ne s'avisent pas, je le leur conseille, de singer ni le grossier langage des rues, ni l'urbanité du Forum; qu'ils évitent et la galanterie langoureuse de nos petits-maîtres, et la graveleuse obscénité des carrefours : il y aurait là de quoi révolter patriciens, chevaliers, citoyens aisés; et les applaudissements de la canaille qui vit de noix et de pois chiches, ne leur vaudraient, à coup sûr, ni le suffrage des honnêtes gens, ni la couronne.

Une longue, précédée d'une brève, s'appelle iambe : pied si rapide, qu'il a fait donner le nom de *trimètre* à l'iambique, composé pourtant de six pieds. Autrefois, il n'entrait dans ce vers que des iambes : c'est depuis peu de temps, que, pour arriver à l'oreille moins vif et moins sautillant, il admit le grave spondée au partage de ses droits paternels; mais sa complaisance n'alla point jusqu'à céder au nouveau-venu la seconde ni la quatrième place. Il est vrai que,

tantum honoris accedit	tant d'honneur (de beauté) s'ajoute
sumptis de medio !	aux *choses* prises du milieu (du commun)1
Fauni, deducti sylvis,	Que les Faunes, tirés de *leurs* forêts,
caveant,	prennent-*bien*-garde,
me judice,	moi *étant* juge (selon mon conseil),
ne unquam,	que jamais,
velut innati triviis	comme s'*ils étaient* nés dans les carrefours
ac pene forenses,	et presque sur-le-Forum,
aut juvenentur	ou ils ne fassent-les-galants
versibus nimium teneris,	par des vers trop tendres,
aut crepent	ou qu'ils ne lâchent-bruyamment
dicta	des paroles (des plaisanteries)
immunda ignominiosaque.	obscènes et indécentes.
Enim	En effet,
quibus equus est,	ceux qui ont un cheval (les chevaliers),
et pater,	et *ceux qui ont* un père *sénateur*,
et res,	et *ceux qui ont* de la fortune,
offenduntur;	sont offensés *de cela;*
nec, (*pour : et non*), *et*, si,	et, si
emptor ciceris fricti et nucis	l'acheteur de pois frits et de noix
probat quid :	approuve une chose,
	les chevaliers, les fils de sénateurs, etc.
non accipiunt	ne *l'*accueillent pas *pour cela*
animis æquis,	avec des esprits favorables,
donantve coronâ.	et ne *la* récompensent *pas* d'une couronne.
Syllaba longa,	Une syllabe longue,
subjecta brevi,	mise-après une brève,
vocatur iambus,	est appelée iambe,
pes citus :	pied rapide :
unde etiam	d'où même (et à cause de sa rapidité même)
jussit nomen trimetris	l'*iambe* a fait que le nom de trimètres
accrescere iambeis,	s'ajoutât aux *vers* iambiques,
quum	quoique, *dans ces vers trimètres*,
redderet	l'*iambe* rendît (fît entendre)
senos ictus,	six coups (fût répété six fois),
similis sibi	*étant* semblable à lui-même
	(toujours composé d'iambes)
primus ad extremum.	*depuis* le premier *pied* jusqu'au dernier.
Non ita pridem,	*Il n'y a pas* très-longtemps,
ut	pour que *le vers iambique*
veniret ad aures	arrivât aux oreilles
paulo tardior graviorque,	un peu plus lent et plus grave,
recepit in jura paterna	il a reçu dans *ses* droits paternels
spondeos stabiles,	les spondées lourds,
commodus et patiens ;	complaisant et patient ;
non ut cederet	*mais* pas au point de se retirer,
sociaLiter	en-ami-*trop*-commode,

2.

Nobilibus trimetris [1] apparet rarus, et Enni.
In scenam missus magno cum pondere versus, 260
Aut operæ celeris nimium curaque carentis,
Aut ignoratæ premit artis crimine turpi.

Non quivis videt immodulata poemata judex;
Et data Romanis venia est indigna poetis.
Idcircone vager, scribamque licenter? an omnes 265
Visuros peccata putem mea, tutus et intra
Spem veniæ cautus? Vitavi denique culpam,
Non laudem merui. Vos, exemplaria Græca
Nocturna versate manu, versate diurna.
At[2] nostri proavi Plautinos et numeros et 270
Laudavere sales : nimium patienter utrumque,
Ne dicam stulte[3], mirati : si modo ego et vos
Scimus inurbanum lepido seponere dicto,
Legitimumque sonum digitis callemus et aure.

Ignotum tragicæ genus invenisse Camœnæ 275

dans leurs trimètres si vantés, Accius et Ennius observent rarement cette règle : quoi qu'il en soit, les vers jetés sur la scène avec un lourd bagage de spondées, accusent chez le poëte ou une précipitation et une négligence extrêmes, ou une coupable ignorance des lois de la poésie.

Tout le monde ne sent pas le défaut d'harmonie dans les vers : aussi, que de poëtes ont trouvé à Rome une indulgence qu'ils ne méritaient pas! Est-ce une raison pour moi d'écrire à l'aventure, et sans nul souci des règles? ou bien, tout en me disant que chacun verra mes fautes, m'endormirai-je tranquille sur l'espoir du pardon? J'échappe à la censure, il est vrai : mais aurai-je mérité des louanges? — Non. Quant à vous, étudiez avec amour les chefs-d'œuvre de la Grèce ; nuit et jour, étudiez-les. — Mais nos pères n'admiraient-ils pas et le rhythme et les saillies de Plaute? — Eh bien! nos pères étaient trop bons, pour ne pas de dire autre chose : du moins, si nous sommes en état, vous et moi, de distinguer le plaisant du burlesque, et d'apprécier au doigt et à l'oreille la justesse d'un son.

La tragédie était inconnue, quand Thespis, le premier, dit-on,

de secunda sede, aut quarta.	de la seconde place, ni de la quatrième.
Hic	Ce *vers iambique*
apparet rarus	se montre rare (rarement)
in trimetris nobilibus	dans les trimètres *si* vantés
et Acci, et Enni.	et d'Accius, et d'Ennius.
Versus missus in scenam	Un vers jeté sur la scène
cum pondere magno,	avec une pesanteur *trop* grande,
premit	accable *l'auteur*
crimine turpi	de l'accusation honteuse
aut operæ nimium celeris	soit d'un travail trop rapide
carentisque cura,	et qui manque de soin,
aut artis ignoratæ.	soit d'ignorance de l'art.
Quivis judex	N'importe-quel juge (le premier-venu)
non videt	ne voit pas (ne sent pas)
poemata immodulata;	les poëmes mal-cadencés;
et venia indigna	et une indulgence non-méritée
est data poetis Romanis.	a été accordée à des poëtes Romains.
Idcircone	Est-ce que, pour-cette-raison,
vager,	je m'écarterai *des règles*,
scribamque	et est-ce que j'écrirai
licenter?	avec *trop-de*-liberté?
an putem omnes	ou penserai-je que tout-le-monde
visuros mea peccata,	verra mes fautes,
tutus et cautus	tranquille *cependant* et rassuré
intra spem veniæ?	dans l'espoir *que j'ai* du pardon?
Denique	*De cette manière*, en-définitive,
vitavi culpam,	j'ai (j'aurai) évité les fautes,
non merui laudem.	*mais* je n'aurai pas mérité de louange.
Vos, versate	Vous, feuilletez (étudiez)
manu nocturna,	avec une main travaillant-la-nuit,
exemplaria Græca,	les modèles grecs,
versate	feuilletez-*les* (étudiez-les)
diurna.	*avec une main* travaillant-le-jour.
At nostri proavi	Mais nos ancêtres
laudavere et numeros	ont loué et les vers
et sales Plautinos,	et les bons-mots de-Plaute,
mirati utrumque	admirant l'une et l'autre *chose*
nimium patienter,	trop complaisamment,
ne dicam stulte:	pour ne pas dire sottement:
si modo vos et ego	pour-peu que vous et moi
scimus seponere	nous sachions distinguer
inurbanum dicto lepido,	un *mot* grossier d'un mot plaisant,
callemusque	et *que* nous sachions *juger*
digitis et aure	par les doigts et par l'oreille
sonum legitimum.	un son légitime (juste).
Thespis dicitur invenisse	Thespis est dit avoir inventé
genus ignotum	le genre *auparavant* inconnu

Dicitur, et plaustris vexisse poemata Thespis
Qui canerent agerentque, peruncti fæcibus ora.
Post hunc, personæ pallæque repertor honestæ,
Æschylus, et modicis instravit pulpita tignis,
Et docuit magnumque loqui nitique cothurno. 280
Successit Vetus [1] his Comœdia, non sine multa
Laude; sed in vitium libertas excidit, et vim
Dignam lege regi : lex est accepta, Chorusque
Turpiter obticuit, sublato jure nocendi.
Nil intentatum nostri liquere poetæ : 285
Nec minimum meruere decus, vestigia Græca
Ausi deserere et celebrare domestica facta,
Vel qui Prætextas [2], vel qui docuere Togatas.
Nec virtute foret clarisve potentius armis,
Quam lingua, Latium, si non offenderet unum- 290
quemque poetarum limæ labor et mora. Vos o,
Pompilius [3] sanguis, carmen reprehendite, quod non

promena sur un tombereau des acteurs qui chantaient et jouaient ses pièces, le visage barbouillé de lie. Eschyle, après lui, imagina la robe flottante et le masque ; puis, exhaussant la scène sur de modestes tréteaux, il apprit à ses personnages à chausser le cothurne et à parler avec majesté. Ensuite parut la vieille Comédie, et elle compta de brillants succès ; mais la liberté dégénéra en licence : il fallut arrêter le scandale, et une loi intervint, qui, condamnant le Chœur à l'impuissance de nuire, le réduisit à un silence honteux. Il n'est pas un seul genre que n'aient abordé nos poëtes ; et ce n'est pas sans gloire que, renonçant à l'imitation des Grecs, ils osèrent traiter sur la scène, dans la tragédie comme dans le genre comique, des sujets tout nationaux. Aussi, la valeur guerrière et l'éclat des armes n'ajouteraient pas, plus que la littérature, à la puissante illustration du Latium, si nos auteurs, trop pressés, ne reculaient tous devant le travail de la lime. Mais vous, noble sang de Pompilius, soyez impitoyables pour ces poëmes faits à la hâte

Camœnæ tragicæ,	de la Muse tragique (de la tragédie),
et vexisse plaustris	et avoir porté sur des chariots
qui,	des *acteurs* qui,
peruncti fæcibus ora,	barbouillés de lie *quant à leurs* visages,
canerent poemata	chantaient *ses* poëmes
agerentque.	et *les* représentaient.
Post hunc, Æschylus,	Après lui, Eschyle,
repertor personæ	l'inventeur du masque
pallæque honestæ,	et de la robe magnifique,
et instravit pulpita	non-seulement disposa la scène
tignis modicis,	sur des tréteaux modestes,
et docuit	mais-encore enseigna
loquique magnum,	et à parler noblement,
nitique cothurno.	et à marcher *chaussé* du cothurne.
His	A ces *deux poëtes*
successit Comœdia Vetus,	succéda la Comédie Antique,
non sine multa laude ;	non sans une grande gloire ;
sed libertas excidit	mais la liberté tomba
in vitium,	dans le vice (dans l'abus),
et vim	et *dans* une violence
dignam regi lege :	qui-mérita d'être modérée par une loi :
lex accepta est,	la loi fut reçue,
Chorusque obticuit turpiter,	et le Chœur se tut honteusement,
jure nocendi sublato.	le droit de nuire *lui* étant enlevé.
Nostri poetæ liquere nil	Nos poëtes n'ont laissé aucun-sujet
intentatum :	sans-*le*-tenter (sans s'y essayer) ;
nec meruere	et ils n'ont pas mérité
minimum decus,	*leur* moindre gloire (ou : peu de gloire),
ausi deserere	en-osant abandonner
vestigia Græca	les vestiges des-Grecs,
et celebrare	et *en-osant* célébrer
facta domestica,	des sujets nationaux,
vel qui docuere	soit ceux qui donnèrent-les-premiers
prætextas,	des-pièces-jouées-avec-la-prétexte,
vel qui	soit ceux qui *donnèrent-les-premiers*
togatas.	des-pièces-jouées-avec-la-toge.
Nec Latium foret	Et le Latium ne serait pas
potentius virtute	plus puissant par *sa* valeur
armisve claris	ni par *ses* armes glorieuses
quam lingua,	que par *sa* littérature,
si labor limæ	si le travail de la lime
et mora	et le temps *qu'il faut mettre à corriger*
non offenderet	ne rebutaient pas
unumquemque poetarum.	un-chacun de *nos* poëtes.
O vos,	O vous,
sanguis Pompilius,	*qui êtes le* sang de *Numa*-Pompilius,
reprehendite carmen,	censurez des vers

Multa dies et multa litura coercuit, atque
Præsectum decies non castigavit ad unguem.
 Ingenium misera quia fortunatius arte 295
Credit, et excludit sanos Helicone poetas
Democritus, bona pars non ungues ponere curat,
Non barbam; secreta petit loca; balnea vitat.
Nanciscetur enim pretium nomenque poetæ,
Si tribus[1] Anticyris caput insanabile nunquam 300
Tonsori Licino[2] commiserit. O ego lævus,
Qui purgor bilem sub verni temporis horam!
Non alius faceret meliora poemata. Verum
Nil tanti est. Ergo fungar vice cotis, acutum
Reddere quæ ferrum valet, exsors ipsa secandi : 305
Munus et officium, nil scribens ipse, docebo :
Unde parentur opes; quid alat formetque poetam;
Quid deceat, quid non; quo virtus, quo ferat error.
 Scribendi recte, sapere est et principium et fons.

et sans corrections, essais imprudents qu'un goût sévère n'a pas dix fois retouchés.

 Démocrite a rêvé que le génie vaut mieux que l'art et ses misères.... Démocrite bannit de l'Hélicon les poëtes de bon sens!...— De là, chez nos grands génies, la mode de laisser croître soigneusement ses ongles et sa barbe : pauvres gens, ils recherchent la solitude et fuient les bains. Car enfin le vrai moyen de se poser en grand poëte, c'est de ne confier jamais au rasoir de Licinus une tête que ne guérirait pas l'ellébore de trois Anticyres. Maladroit que je suis, de me purger tous les printemps! Personne, sans cela, personne ne ferait de meilleurs vers. Eh bien, tant pis. Soyons donc la pierre utile qui aiguise le fer, impuissante elle-même à couper : oui, sans écrire moi-même, je montrerai comment on écrit; je dirai les sources où doit puiser le poëte, ce qui forme et nourrit son talent, ce que l'usage permet, ce que le goût réprouve; je dirai où mène le génie, où précipite l'ignorance.

 Le bon sens, la raison : voilà le principe et la source des bons vers

quod multa dies	que beaucoup de jours
et multa litura	et beaucoup de ratures
non coercuit,	n'ont pas corrigés
atque non castigavit	et n'ont pas châtiés
ad unguem,	à l'ongle (parfaitement),
præsectum decies.	après qu'ils ont été rognés dix fois.
Quia Democritus	Parce que Démocrite
credit ingenium	croit (prétend) *que* le génie
fortunatius	*est* plus heureux (plus fécond)
arte misera,	que l'art misérable,
et excludit Helicone	*et parce qu'*il exclut de l'Hélicon
poetas sanos,	les poëtes sains-d'esprit,
bona pars curat	une bonne partie *de nos poëtes* a-bien-soin
non ponere ungues,	de ne pas quitter (couper) *ses* ongles,
non barbam;	de ne pas *quitter* (*couper*) *sa* barbe;
petit loca secreta;	ils recherchent les endroits écartés;
vitat balnea.	ils évitent les bains.
Nanciscetur enim	*Tel* en effet trouvera
pretium nomenque poetæ,	la gloire et le nom de poëte,
si nunquam commiserit	s'il ne confie jamais
tonsori Licino	au barbier Licinus
caput insanabile	*sa* tête qui-ne-pourrait-être-guérie
tribus Anticyris.	par *l'ellébore* de trois Anticyres.
O ego lævus,	O que *je suis* maladroit,
qui purgor bilem	moi qui me purge de *ma* bile
sub horam temporis verni!	vers l'époque du temps printanier!
Non alius faceret	Pas un autre ne ferait
poemata meliora.	des poëmes (des vers) meilleurs.
Verum	Mais *le nom de poete*
est nil tanti.	n'est pas d'un si-grand-prix *pour moi*.
Ergo fungar	Je m'acquitterai donc
vice cotis,	du rôle d'un queux (pierre à aiguiser),
quæ valet	qui a le-pouvoir
reddere ferrum acutum,	de rendre le fer coupant,
exsors ipsa	*quoique* privé lui-même
secandi:	*du pouvoir* de couper:
ipse, nil scribens,	moi-aussi, *quoique* n'écrivant rien,
docebo munus	j'enseignerai l'art *d'écrire*
et officium:	et le devoir *d'un écrivain*:
unde	j'enseignerai à quelles-sources
opes parentur;	les richesses *poétiques* se puisent;
quid alat	ce qui nourrit
formetque poetam;	et forme le poëte;
quid deceat, quid non;	ce qui convient, *et* ce qui ne *convient* pas;
quo virtus ferat, quo error.	où l'art conduit, *et* où l'erreur conduit.
Sapere,	Avoir-de-la-raison,
est et principium	est et le principe

Rem tibi Socraticæ poterunt ostendere chartæ; 310
Verbaque provisam rem non invita sequentur.
Qui didicit, patriæ quid debeat, et quid amicis;
Quo sit amore parens, quo frater amandus et hospes;
Quod sit conscripti, quod judicis officium, quæ
Partes in bellum missi ducis : ille profecto 315
Reddere personæ scit convenientia cuique.
Respicere exemplar vitæ morumque jubebo
Doctum imitatorem, et vivas hinc ducere voces.
Interdum speciosa locis morataque recte
Fabula, nullius veneris, sine pondere et arte, 320
Valdius oblectat populum, meliusque moratur,
Quam versus inopes rerum nugæque canoræ.

Graiis ingenium, Graiis dedit ore rotundo
Musa loqui, præter laudem, nullius avaris.
Romani pueri longis rationibus assem 325

Socrate et les livres de ses disciples vous fourniront les idées premières; soyez bien pénétré de votre sujet, et les mots arriveront sans effort. Quand on sait ce que l'on doit à sa patrie et à ses amis, à la piété filiale, à l'amour fraternel, à l'hospitalité ; quand on connaît les devoirs du sénateur et du juge, les obligations du général envoyé contre l'ennemi : alors, n'en doutez pas, on sait donner à ses personnages le caractère qui leur convient. Étudiez l'âme humaine sur les types vivants de l'humanité : peintre de la nature, faites poser la nature devant vous. Il y a telle pièce, où les caractères sont naturels, et les mœurs bien senties ; mais le style en est sans grâce, le vers y est prosaïque et dur; malgré tout, elle aura plus de succès, elle intéressera plus longtemps que des vers sans idées et des bagatelles sonores.

Les Grecs avaient reçu des Muses le don du génie et les charmes de l'élocution ; aussi les Grecs ne soupiraient que pour la gloire. Mais nos jeunes Romains, que font-ils? des calculs à n'en plus

ART POÉTIQUE.   41

et fons scribendi recte.	et la source du bien écrire.
Chartæ Socraticæ	Les papiers (les livres) Socratiques
poterunt ostendere tibi	pourront montrer à toi
rem ;	la chose (les idées) ;
verbaque sequentur	et les mots suivront (exprimeront)
non invita	non malgré-eux (sans effort)
rem provisam.	la chose (l'idée) acquise-d'avance.
Qui didicit	Celui qui a appris (qui sait)
quid debeat patriæ,	ce qu'il doit à *sa* patrie,
et quid amicis ;	et ce qu'*il doit* à *ses* amis ;
quo amore	*celui qui sait* de quel amour
parens sit amandus,	un père doit être aimé,
quo frater	de quel *amour* un frère
et hospes ;	et un hôte *doivent être aimés;*
quod sit officium	*celui qui sait* quel est le devoir
conscripti,	d'un *père*-conscrit (d'un sénateur),
quod judicis ;	quel *est le devoir* d'un juge ;
quæ partes	quelles *sont* les fonctions
ducis missi in bellum :	d'un général envoyé à la guerre :
ille, profecto,	celui-là, sans-aucun-doute,
scit reddere	sait rendre (saura prêter)
cuique personæ	à chacun *de ses* personnages
convenientia.	les choses (les idées) convenables.
Jubebo	J'ordonnerai (je conseillerai)
imitatorem doctum	au peintre-de-caractères habile
respicere	d'observer-avec-soin
exemplar vitæ morumque,	le tableau de la vie et des mœurs,
et ducere hinc	et de tirer de-là
voces vivas.	des expressions (des images) vives.
Interdum, fabula,	Quelquefois, une pièce,
speciosa locis	remarquable par les idées
recteque morata,	et bien rendue-quant-aux-mœurs,
nullius veneris,	*mais* n'ayant aucune grâce,
sine pondere	*et écrite* sans poids (sans dignité)
et arte,	et *sans* art,
oblectat valdius populum	charme plus le peuple
moraturque melius,	et *l'*attache mieux,
quam versus	que *ne feraient* des vers
inopes rerum,	pauvres de choses (sans idées),
nugæque canoræ.	et des riens sonores.
Musa dedit Graiis	La Muse a donné aux Grecs
ingenium ;	le génie ;
dedit loqui	elle a donné *le talent* de parler
ore rotundo	d'une bouche arrondie (harmonieuse),
Graiis, avaris nullius	aux Grecs avides d'aucune *chose*
præter laudem.	excepté de gloire.
Pueri Romani	*Mais* les enfants Romains

Discunt in partes centum diducere. Dicat
Filius Albini : « Si de quincunce remota est
Uncia, quid superat? Poteras dixisse?—Triens [1].—Eu !
Rem poteris servare tuam. Redit uncia : quid fit?— .
Semis. »—At, hæc animos ærugo et cura peculi 330
Quum semel imbuerit, speramus carmina fingi
Posse, linenda cedro et lævi servanda cupresso?

 Aut prodesse volunt, aut delectare poetæ ;
Aut simul et jucunda et idonea dicere vitæ.
Quidquid præcipies, esto brevis, ut cito dicta 335
Percipiant animi dociles, teneantque fideles :
Omne supervacuum pleno de pectore manat.
Ficta voluptatis causa sint proxima veris;
Nec, quodcumque volet, poscat sibi fabula credi :
Neu pransæ Lamiæ [2] vivum puerum extrahat alvo. 340

finir, pour diviser un as en cent parties. Dites-moi, fils d'Albinus : « Voilà cinq onces : si j'en ôte une, que reste-t-il ? voyons ! — Le tiers d'un as. — Bravo ! vous vous entendrez en affaires. Mais j'ajoute une once : combien cela fait-il ? — Un demi-as. » — Franchement, quand cette ardeur du gain aura, comme une rouille funeste, infecté les esprits, espérerons-nous encore de ces nobles vers que l'on trempe dans l'huile de cèdre, et que l'on conserve dans des tablettes de cyprès ?

 Instruire ou plaire : tel est l'objet de la poésie, si même elle n'aspire à plaire et à instruire tout à la fois. Dans vos préceptes, soyez concis : la concision trouve l'intelligence docile et la mémoire fidèle. Tout ce qu'on dit de trop, l'esprit rassasié le rejette. Que vos fictions, dont le but est d'amuser, aient le charme de la vraisemblance ; n'épuisez pas ma crédulité par l'abus du merveilleux : arrière donc la sorcière qui tire tout vivant de ses entrailles un

discunt rationibus longis	apprennent par de longs calculs
diducere assem	à diviser une livre
in centum partes.	en cent parties.
Filius Albini dicat :	Que le fils d'Albinus *me* dise :
« Si uncia remota est	« Si une once a été retirée
de quincunce,	de cinq-onces,
quid superat?	que reste-t-il ?
poteras	pouvais-tu (pourrais-tu)
dixisse? —	avoir dit (dire) *cela?* —
Triens. —	Le tiers *d'une livre* (quatre onces). —
Eu ! poteris	Bien ! tu pourras
servare tuam rem.	conserver ta fortune.
Uncia redit :	*Et si* une once est-ajoutée :
quid fit? —	qu'est-ce que *cela* devient ? —
Semis. » —	Une-demi-livre. » —
At, quum semel	Eh bien, quand une-fois
hæc ærugo	une-telle rouille (avarice)
et curâ peculi	et *un tel* souci de l'argent
imbuerit animos,	auront pénétré les esprits,
speramus carmina,	espérons-nous que des vers,
linenda	dignes-d'être-frottés
cedro	avec-de-l'huile-de-cèdre
et servanda	et dignes-d'être-conservés
cupresso lævi,	dans le cyprès poli,
posse fingi ?	pourront-être composés ?
Poetæ volunt	Les poëtes veulent
aut prodesse, aut delectare;	ou être-utiles, ou charmer ;
aut dicere simul	ou *ils veulent* dire tout-à-la-fois
et jucunda	*des choses* et agréables
et idonea vitæ.	et utiles à la vie.
Quidquid præcipies,	Quelque-chose-que tu recommandes,
esto brevis,	sois court (concis),
ut animi dociles	afin que les esprit dociles
percipiant cito dicta,	perçoivent tout-de-suite *tes* paroles,
teneantque fideles :	et qu'ils *les* gardent fidèles (fidèlement) :
omne supervacuum	toute *chose* superflue
manat de pectore pleno.	coule (déborde) du-cœur trop rempli.
Ficta causa voluptatis,	Que *les choses* inventées pour le plaisir
sint proxima	soient très-ressemblantes
veris ;	aux *choses* vraies ;
nec fabula poscat	et qu'une pièce ne prétende pas
sibi	pour-elle-même
quodcumque volet	que tout ce qu'elle voudra
credi ;	soit cru *du spectateur;*
neu extrahat	et qu'elle ne tire pas,
puerum vivum	un enfant tout vivant
alvo Lamiæ pransæ.	du ventre d'une Lamie repue.

Centuriæ seniorum agitant expertia frugis;
Celsi prætereunt austera poemata Rhamnes[1].
Omne tulit punctum, qui miscuit utile dulci,
Lectorem delectando pariterque monendo.
Hic meret æra liber Sosiis, hic et mare transit,   345
Et longum noto scriptori prorogat ævum.
 Sunt delicta tamen quibus ignovisse velimus:
Nam neque chorda sonum reddit quem vult manus et mens,
Poscentique gravem persæpe remittit acutum;
Nec semper feriet quodcumque minabitur arcus.   350
Verum, ubi plura nitent in carmine, non ego paucis
Offendar maculis, quas aut incuria fudit,
Aut humana parum cavit natura. Quid ergo est?
Ut scriptor si peccat idem librarius usque,
Quamvis est monitus, venia caret; ut citharœdus   355

enfant qu'elle a dévoré. Nos graves Sénateurs ne veulent pas d'un drame frivole : un drame sérieux fait peur à nos fiers Chevaliers. Pour enlever tous les suffrages, il faut mêler l'utile et l'agréable, il faut plaire et instruire en même temps. C'est alors qu'un livre fait la fortune des Sosies, et qu'il franchit les mers, et qu'il assure à l'auteur une glorieuse immortalité.

 Cependant, il y a de ces fautes qu'on pardonne volontiers. Souvent, en effet, le luth harmonieux trahit le doigt et la pensée de l'artiste; souvent, au lieu d'un son grave, la corde infidèle rend un son aigu: et la flèche n'atteint pas toujours le but qu'elle menaçait. Pourquoi donc, dans un poëme où les beautés dominent, critiquerais-je amèrement quelques taches, effets inévitables de la négligence, ou qui auront échappé à la faiblesse humaine? Mais enfin! si un copiste, averti sans cesse, et sans cesse retombant dans la même faute, est indigne de pardon; s'il est naturel de siffler l'artiste maladroit qui

Centuriæ seniorum	Les centuries des *Romains* plus âgés
agitant	poursuivent *de leur improbation*
expertia	les *poemes qui sont* dépourvus
frugis :	d'utilité (de leçons sérieuses);
Rhamnes	les Rhamniens (les Chevaliers)
celsi	altiers (dédaigneux)
prætereunt	laissent-de-côté (méprisent)
poemata austera.	les poëmes austères (trop sérieux).
Tulit	*Celui-là* a remporté (mérité)
omne punctum,	tous les points (tous les suffrages),
qui miscuit utile dulci,	qui a mêlé l'utile à l'agréable,
delectando lectorem	en charmant le lecteur
monendoque pariter.	et en *l'*instruisant tout-à-la-fois.
Hic liber	Un tel livre
meret æra	vaut (rapporte) *beaucoup* d'argent
Sosiis,	aux Sosies (au libraire),
hic et transit mare,	un-tel *livre* aussi passe la mer,
et prorogat	et proroge (assure)
ævum longum	une vie longue (l'immortalité)
scriptori noto.	à *son* auteur célèbre.
Sunt tamen delicta	Il y a cependant des fautes
quibus velimus	auxquelles nous voudrions
ignovisse :	avoir pardonné (pardonner) :
nam neque chorda	car ni la corde *de la lyre*
reddit sonum	ne rend *toujours* le son
quem manus et mens	que la main et l'intention
vult,	veulent *produire*,
remittitque persæpe	et elle renvoie bien-souvent
acutum	un *son* aigu
poscenti gravem ;	à celui-qui-désire un *son* grave ;
nec arcus	ni l'arc (ni la flèche) *non plus*
feriet semper	ne frappera pas toujours
quodcumque minabitur.	tous *les buts* qu'il menacera (visera).
Verum, ubi	Mais, du-moment-que
plura	le plus-grand-nombre *des choses*
nitent in carmine,	brillent dans un poëme,
ego non offendar	je ne serai pas choqué
maculis paucis,	de taches peu-nombreuses,
quas aut incuria fudit,	que ou la négligence a répandues
aut natura humana	ou *dont* la nature (la faiblesse) humaine
parum cavit.	s'est peu garantie.
Quid est ergo?	Qu'y a-t-il donc (mais quoi)?
Ut scriptor librarius,	De-même-qu'un écrivain copiste-de-livres,
si peccat usque idem,	s'il pèche toujours de la même *manière*,
quamvis est monitus,	quoiqu'il ait été averti,
caret venia ;	n'obtient-pas de pardon ;
ut citharœdus,	de-même qu'un joueur-de-luth,

Ridetur, chorda qui semper oberrat eadem :
Sic mihi, qui multum cessat, fit Chœrilus [1] ille
Quem bis terve bonum cum risu miror ; et idem
Indignor quandoque bonus dormitat Homerus :
Verum opere in longo fas est obrepere somnum. 360

Ut pictura poesis : erit quæ, si propius stes,
Te capiat magis ; et quædam, si longius abstes :
Hæc amat obscurum ; volet hæc sub luce videri,
Judicis argutum quæ non formidat acumen ;
Hæc placuit semel, hæc decies repetita placebit. 365

O major Juvenum, quamvis et voce paterna
Fingeris ad rectum, et per te sapis, hoc tibi dictum.
Tolle memor : certis medium et tolerabile rebus
Recte concedi. Consultus-juris et actor
Causarum mediocris abest virtute diserti 370
Messalæ, nec scit quantum Cascellius Aulus ;
Sed tamen in pretio est. Mediocribus esse poetis

touche éternellement à faux la même corde : ainsi, dans l'écrivain presque toujours en défaut, je ne vois plus qu'un Chérile, un méchant poëte, chez qui deux ou trois vers passables me font sourire en m'étonnant : tandis que j'en veux au sublime Homère, s'il sommeille quelquefois ; et pourtant, n'est-ce pas bien pardonnable dans un long poëme ?

Il en est de la poésie comme de la peinture : tel tableau, vu de près, vous charmera davantage ; tel autre vous plaira mieux, vu de loin. Celui-ci aime le demi-jour, celui-là veut une vive lumière, car il défie le regard perçant de la critique ; l'un n'a réussi qu'une seule fois, l'autre, dix fois exposé, charmera toujours.

O vous, l'aîné des Pisons, vous dont les leçons d'un père développent le goût précoce et les talents naturels, écoutez et retenez bien cette parole : en certaines choses, la médiocrité se comprend et s'excuse. Il y a loin du jurisconsulte ordinaire et de l'avocat peu marquant, à l'éloquence d'un Messala, au savoir d'un Cascellius : et cependant ils

ART POÉTIQUE.

qui oberrat semper	qui se trompe toujours
eadem chorda,	sur la même corde,
ridetur :	excite-les-risées :
sic ;	de même,
qui cessat multum,	*le poëte* qui bronche beaucoup (souvent),
fit mihi ille Chœrilus,	devient pour moi ce Chérile,
quem miror cum risu	que je m'étonne en souriant
bonum bis terve ;	*de trouver* bon deux-fois ou trois-fois ;
et idem	et *moi*, le même (et pourtant),
indignor	je m'indigne (je suis vexé)
quandoque	chaque-fois-que
bonus Homerus dormitat :	le divin Homère sommeille ;
verum est fas	cependant il est permis
somnum obrepere	que le sommeil se glisse
in opere longo.	dans un poëme de-longue-haleine.
Poesis ut pictura :	La poésie *est* comme la peinture :
erit	il y aura *tel morceau*
quæ capiat te magis,	qui charmera toi davantage,
si stes propius ;	si tu te tiens plus près *de lui* ;
et quædam,	et tel *autre te charmera plus*,
si abstes longius ;	si tu *t'en* éloignes davantage ;
hæc amat obscurum,	celui-ci aime l'obscurité,
hæc, quæ non formidat	cet *autre*, qui ne redoute pas
acumen argutum	la perspicacité sévère
judicis,	du juge (de la critique),
volet videri	voudra être vu
sub luce ;	sous la lumière (au grand jour) ;
hæc placuit semel,	celui-ci a plu une-fois,
hæc, repetita decies,	celui-là, redemandé (revu) dix-fois,
placebit.	plaira *toujours*.
O major Juvenum,	O *toi*, l'aîné des *deux* jeunes *Pisons*,
quamvis et	quoique non-seulement
fingeris ad rectum	tu sois formé au bien
voce paterna,	par la voix de-*ton*-père,
et sapis	mais encore que tu aies-du-goût
per te,	par toi-*même* (naturellement),
tolle memor	mets-dans-*ta*-mémoire
hoc dictum tibi :	cette *parole* dite à toi, *savoir* :
medium et tolerabile	que le médiocre et le passable
certis rebus,	en certaines choses,
concedi recte.	sont permis (tolérés) avec-justice.
Juris-consultus mediocris,	Un jurisconsulte médiocre,
et actor causarum,	et un avocat *médiocre*,
abest virtute	est-loin du mérite
diserti Messalæ,	de l'éloquent Messala,
nec scit quantum	et il ne sait pas autant *de droit*
Cascellius Aulus ;	que Cascellius Aulus ;

Non homines, non Di, non concessere columnæ.
Ut, gratas inter mensas, symphonia discors,
Et crassum unguentum, et Sardo cum melle papaver [1] 375
Offendunt, poterat duci quia cœnà sine istis :
Sic, animis natum inventumque poema juvandis,
Si paulum a summo decessit, vergit ad imum.
Ludere qui nescit, campestribus abstinet armis;
Indoctusque pilæ, discive, trochive, quiescit, 380
Ne spissæ risum tollant impune coronæ;
Qui nescit, versus tamen audet fingere!—Quidni?
Liber et ingenuus, præsertim census [2] equestrem
Summam nummorum, vitioque remotus ab omni.—
Tu nihil invita dices faciesve Minerva; 385
Id tibi judicium est, ea mens. Si quid tamen olim

ont leur prix. Mais la médiocrité en poésie ! voilà ce que ne tolèrent ni les Dieux, ni les hommes, ni les colonnes du temple d'Apollon. Dites-moi si, à une table bien servie, on aime une symphonie discordante, ou des parfums grossiers, ou des pavots au miel de Sardaigne : non, car le souper n'avait que faire de ces hors-d'œuvre. — Il en est de même de la poésie : née pour plaire, destinée à charmer les cœurs, si elle ne s'élève au premier rang, elle tombe au dernier. Jouteur inhabile, vous n'allez pas vous escrimer dans le Champ-de-Mars ; novice à la paume, au palet, au cerceau, vous laissez ces jeux à d'autres, pour ne pas faire rire toute la galerie à vos dépens; et, sans rien connaître à la poésie, vous osez faire des vers! — Pourquoi pas ? n'est-on pas libre et de bonne famille ? n'a-t-on pas, surtout, la fortune des Chevaliers ? n'est-on pas un galant homme, enfin ? —Vous, du moins, vous ne direz, vous ne ferez rien, en dépit de Minerve : votre bon sens et votre esprit m'en répondent. Pourtant, si vous écri-

sed tamen est in pretio.	et pourtant il est en *quelque* estime.
Non homines, non Di non columnæ,	*Mais* ni les hommes, ni les Dieux, ni les colonnes *des portiques où s'exposaient les livres en vente,*
concessere poetis esse mediocribus.	n'ont permis aux poëtes d'être médiocres.
Ut,	De même-que,
inter mensas gratas,	au milieu d'un festin agréable,
symphonia discors,	une symphonie discordante,
et unguentum crassum,	et un parfum rance,
et papaver	et le pavot
cum melle Sardo	*servi* avec du miel de-Sardaigne,
offendunt,	blessent *les convives,*
quia cœna poterat duci sine istis :	parce que le repas pouvait être terminé sans ces *hors-d'œuvre* :
sic, poema,	ainsi, la poésie,
natum inventumque animis juvandis,	née et inventée pour charmer les esprits,
si paulum discessit a summo,	si peu qu'elle ait dévié du premier *rang,*
vergit ad imum.	elle tombe au dernier.
Qui nescit ludere,	Celui qui-ne-sait-pas jouer (s'escrimer),
abstinet armis Campestribus;	s'abstient *de manier* les armes du-Champ-de-Mars,
indoctusque pilæ, discive, trochive,	et celui-qui-n'entend-rien à la paume, ou au disque, ou au cerceau,
quiescit,	se-tient-en-repos,
ne coronæ spissæ	de peur que les cercles *de spectateurs* épais
tollant risum impune;	ne poussent un éclat-de-rire impunément (à ses dépens);
qui nescit, audet tamen fingere versus! —	*et* celui qui ne sait pas *faire des vers,* ose cependant faire (composer) des vers! —
« Quidni?	« Pourquoi *donc* pas?
liber et ingenuus,	*je suis* libre (*dira-t-il*), et né-de-parents-libres,
præsertim census summam nummorum equestrem,	surtout *je suis* porté-au-livre-du-cens, pour la somme de sesterces exigée-des-chevaliers,
remotusque ab omni vitio. » —	et *je suis* éloigné (exempt) de tout vice (de toute infamie). » —
Tu, dices faciesve nihil invita Minerva;	*Mais* toi, tu ne diras ou ne feras rien en-dépit-de Minerve;
id judicium, ea mens est tibi.	un jugement tel, un esprit tel, sont à toi.
Si tamen scripseris	Si cependant tu écrivais

Scripseris, in Metii[1] descendat judicis aures,
Et patris, et nostras, nonumque[2] prematur in annum.
Membranis intus positis, delere licebit
Quod non edideris : nescit vox missa reverti. 390

    Sylvestres homines sacer interpresque Deorum
Cædibus et victu fœdo deterruit Orpheus;
Dictus ob hoc lenire tigres rabidosque leones :
Dictus et Amphion, Thebanæ conditor arcis,
Saxa movere sono testudinis, et prece blanda 395
Ducere quo vellet. Fuit hæc sapientia quondam,
Publica privatis secernere, sacra profanis ;
Concubitu prohibere vago; dare jura maritis ;
Oppida moliri ; leges incidere ligno.
Sic honor et nomen divinis vatibus atque 400
Carminibus venit. Post hos insignis Homerus
Tyrtæusque mares animos in martia bella
Versibus exacuit. Dictæ per carmina sortes,

viez quelque jour, consultez l'oreille exercée de Métius, et celle de votre père, et la mienne ; puis, gardez votre manuscrit pendant neuf ans. Tant qu'il n'a pas vu le jour, on peut, à son aise, revenir sur des pages inédites : une fois parti, le mot ne revient plus.

  Les hommes vivaient dispersés dans les bois, quand un poëte sacré, interprète des Dieux, Orphée, leur inspira l'horreur du sang et d'une affreuse nourriture. De là ces traditions populaires, qu'à la voix d'Orphée, les tigres et les lions dépouillaient leur fureur ; qu'aux accents d'Amphion, ce divin fondateur de Thèbes, les rochers se mouvaient en cadence, et que les doux accords de sa lyre attiraient les pierres obéissantes. On sait les premiers bienfaits de la sagesse antique : distinguer le bien public de l'intérêt privé, les choses sacrées des profanes, réprimer la licence effrénée des mœurs, tracer les devoirs de l'hymen, bâtir des villes, graver des lois sur le chêne : telle fut la cause de cette immortalité glorieuse, réservée aux poëtes et à leurs divins travaux. Ensuite brilla le génie d'Homère, et Tyrtée, dont les vers enthousiastes animèrent les mâles courages aux combats meurtriers. Depuis, les oracles ne répondirent

quid olim,	quelque-chose un-jour,
descendat	que *ton ouvrage* descende (pénètre)
in aures judicis Metii,	dans les oreilles du juge Métius,
et patris,	et *dans celles* de *ton* père,
et nostras,	et *dans* les nôtres (dans les miennes),
prematurque	et qu'il soit mis-de-côté
in nonum annum.	jusqu'à la neuvième année.
Membranis positis	Les parchemins étant placés
intus,	dans *ton portefeuille*,
licebit delere	il *te* sera permis d'effacer
quod non edideris :	ce que tu n'auras-pas-fait-paraître :
vox missa	*mais* le mot publié
nescit reverti.	ne sait (ne peut) *plus* revenir.
Orpheus, sacer	Orphée, *poète* sacré
interpresque Deorum,	et interprète des Dieux,
deterruit cædibus	détourna des meurtres
et victu fœdo	et d'une nourriture affreuse
homines sylvestres :	les hommes qui-vivaient-dans-les-bois :
dictus ob hoc	*il est* dit, à cause de cela,
lenire tigres	*avoir* amolli les tigres
leonesque rabidos ;	et les lions cruels ;
et Amphion,	et Amphion,
conditor arcis Thebanæ,	le fondateur de la citadelle de-Thèbes,
dictus movere saxa	*est* dit *avoir fait*-mouvoir les rochers,
sono testudinis,	par le son de *sa* lyre,
et ducere quo vellet	et *les avoir* conduits où il voulait
prece blanda.	par *ses* prières mélodieuses.
Sapientia quondam	La sagesse autrefois
fuit hæc :	fut telle (consista en ceci) :
secernere publica	distinguer les *intérêts* généraux
privatis,	des *intérêts* particuliers,
sacra profanis ;	les *choses* sacrées des *choses* profanes ;
prohibere	détourner *les hommes*
concubitu vago ;	de *leurs* unions vagabondes ;
dare jura	tracer des droits-et-des-devoirs
maritis ;	aux gens-mariés ;
moliri oppida ;	construire des villes ;
incidere leges ligno.	graver des lois sur le bois.
Sic honor et nomen	*C'est* ainsi *que* l'honneur et la gloire
venit vatibus divinis	vinrent aux poëtes inspirés-des-dieux
atque carminibus.	et à *leurs* vers.
Post hos,	Après ces *premiers poëtes*,
Homerus insignis,	Homère *s'est* signalé,
Tyrtæusque exacuit	et Tyrtée anima par *ses* vers
mares animos	les mâles courages
in bella Martia.	aux combats de-Mars.
Sortes dictæ per carmina,	Les oracles *furent* rendus en vers,

Et vitæ monstrata via est; et gratia regum
Pieriis tentata modis; ludusque repertus, 405
Et longorum operum finis : ne forte pudori
Sit tibi Musa lyræ solers, et cantor Apollo.

   Natura fieret laudabile carmen, an arte,
Quæsitum est. Ego, nec studium sine divite vena,
Nec rude quid possit video ingenium : alterius sic 410
Altera poscit opem res, et conjurat amice.
Qui studet optatam cursu contingere metam,
Multa tulit fecitque puer; sudavit et alsit;
Abstinuit venere et vino. Qui Pythia cantat
Tibicen, didicit prius, extimuitque magistrum. 415
Nunc[1] satis est dixisse : « Ego mira poemata pango :
Occupet extremum scabies! mihi turpe relinqui est,
Et, quod non didici, sane nescire fateri. »

   Ut præco, ad merces turbam qui cogit emendas,

---

plus qu'en vers ; la morale parla le même langage ; pour gagner la faveur des rois, on emprunta la douce voix des neuf sœurs ; enfin, c'est la poésie qui nous donna le théâtre, délassement si doux après les pénibles travaux. Ne rougissez donc pas de toucher la lyre des Muses, et de chanter avec Apollon.

   Est-ce la nature, ou bien l'art, qui fait les grands poëtes ? — Sur cette question, souvent débattue, voici quel est mon sentiment: sans l'inspiration féconde, l'étude est impuissante, et le génie ne peut rien sans l'étude ; mais ils ont besoin l'un de l'autre, et tous deux, étroitement unis, ils conspirent au même but. L'athlète qui brûle de triompher à la course, a soumis son enfance aux épreuves les plus rudes : il a souffert et de la chaleur et du froid ; il n'a connu ni l'amour ni l'ivresse. Avant de se faire entendre aux fêtes d'Apollon Pythien, le joueur de flûte a longtemps appris, longtemps tremblé sous un maître. Mais en poésie! il suffit de dire : « Des vers ! oh! j'en fais d'admirables! Malheur au dernier! moi, je rougirais de l'être, fi donc! et d'avouer naïvement que j'ignore ce que je n'ai pas appris. »

   Voyez, comme à l'appel du crieur public, accourt la foule em-

et via vitæ	et la route de la vie (la morale)
est monstrata;	fut enseignée *en vers*;
et gratia regum tentata	et la faveur des rois *fut* briguée
modis Pieriis;	par les accords des-Piérides (des Muses);
ludusque	et les jeux *scéniques*
et finis	et, *par eux*, sa fin (le délassement)
longorum operum	des longs travaux
repertus :	*furent* inventés :
ne Musa	ainsi, que la Muse
solers lyræ,	habile-à-toucher la lyre,
et cantor Apollo	et que le chantre Apollon
sit forte pudori tibi.	ne soient donc pas à honte à toi.
Est quæsitum	On a discuté
carmen laudabile	*si* un poëme louable (un bon poëme)
fieret natura, an arte.	était fait par la nature, ou par l'art.
Ego, video	*Pour* moi, je *ne* vois
nec quid studium possit	ni ce que l'étude (l'art) peut *produire*
sine vena divite,	sans la veine riche (sans l'inspiration),
nec	ni *ce que peut produire*
ingenium rude :	le génie grossier (sans l'art) :
sic altera res	tellement l'une *de ces deux* choses
poscit opem alterius,	exige le secours de l'autre,
et conjurat	et conspire (concourt) *avec elle*
amice.	d'une-manière-amie.
Qui studet contingere	Celui qui désire atteindre
metam optatam	la borne désirée
cursu,	au-combat-de-la-course,
tulit fecitque multa,	a supporté et a fait beaucoup *de choses*
puer;	*quand il était* jeune;
sudavit et alsit;	il a sué et il a-eu-froid;
abstinuit venere et vino.	il s'est abstenu de l'amour et du vin.
Tibicen,	Le joueur-de-flûte,
qui cantat Pythia,	qui chante *dans*-les-jeux-Pythiens,
didicit prius,	a pris-des-leçons auparavant,
extimuitque magistrum.	et a redouté un maître.
Nunc est satis	Et il ne suffit pas, *pour être poëte*,
dixisse :	d'avoir dit (de dire) :
« Ego pango poemata mira :	« Moi, je compose des vers admirables :
« scabies occupet	« que la gale s'empare
« extremum !	« du dernier (malheur au dernier)!
« est turpe mihi	« c'est *chose* honteuse pour moi
« relinqui,	« d'être laissé-en-arrière,
« et fateri sane	« et d'avouer raisonnablement
« nescire	« que-je-ne-sais-pas
« quod non didici. »	« ce-que je n'ai pas appris. »
Ut præco,	Semblable au crieur-public,
qui cogit turbam	qui rassemble la foule

Assentatores jubet ad lucrum ire poeta 420
Dives agris, dives positis in fenore nummis.
Si vero est unctum qui recte ponere possit,
Et spondere levi pro paupere, et eripere arctis
Litibus implicitum : mirabor, si sciet internoscere mendacem verumque beatus amicum. 425
Tu, seu donaris, seu quid donare velis cui,
Nolito ad versus tibi factos ducere plenum
Lætitiæ; clamabit enim : « Pulchre ! bene ! recte ! »
Pallescet super his; etiam stillabit amicis
Ex oculis rorem ; saliet, tundet pede terram. 430
Ut, qui conducti[1] plorant in funere, dicunt
Et faciunt prope plura dolentibus ex animo : sic
Derisor vero plus laudatore movetur.
Reges dicuntur multis urgere culullis
Et torquere mero quem perspexisse laborant 435

pressée des acheteurs : ainsi, attirés par l'espoir du gain, les flatteurs se donnent rendez-vous autour du poëte rentier, riche en biens-fonds, riche en capitaux bien placés. Mettez qu'avec cela il ait une table bien servie; qu'il soit homme à répondre pour un pauvre diable sans argent, à le tirer des mains rapaces de la chicane : et Dieu me pardonne, s'il a le bonheur de distinguer jamais le faux ami de l'ami véritable. Mais vous, sortant de faire un présent, ou des offres de services; gardez-vous, pour lire vos vers, de profiter d'une ivresse intéressée; car j'entends d'ici votre auditeur s'écrier : « Ah les beaux vers ! mais c'est parfait ! c'est divin !... » Il s'extasie à chaque mot; que dis-je? ses yeux trouveront des larmes complaisantes; vous le verrez bondir de joie et trépigner de bonheur ! Comme ces malheureux, dont les larmes mercenaires enchérissent, à nos funérailles, sur la vraie douleur d'une famille éplorée : le flatteur qui se rit de vous, en dit et en fait plus qu'un approbateur sincère. Les rois, dit-on, accablent de rasades le courtisan dont ils veulent sonder le cœur; et la torture du vin leur révèle l'ami vraiment digne de con-

ART POÉTIQUE.

ad merces emendas :	devant des marchandises à acheter :
poeta dives agris,	un poëte riche en terres,
dives nummis	et riche en écus
positis in fœnore,	placés à *bel*-intérêt,
jubet assentatores	ordonne *presque* aux flatteurs
ire ad lucrum.	d'aller (de courir) au gain.
Si vero est qui possit	Mais si *ce poëte* est *homme* à pouvoir
ponere recte	servir comme-il-faut
unctum,	un *festin* somptueux,
et spondere	et à donner-caution
pro paupere levi,	pour le pauvre sans-crédit,
et eripere	et à tirer-d'affaire
implicitum	celui qui est engagé
litibus arctis :	dans des procès étroits (gênants) :
mirabor,	je serai-bien-surpris,
si, beatus, sciet	s'il *est assez* heureux *pour* savoir
internoscere	trouver-la-différence-entre
amicum mendacem,	un ami menteur,
verumque.	et un *ami* véritable.
Tu, seu donaris,	Toi, soit que tu aies donné,
seu velis donare	soit que tu veuilles donner
quid cui,	quelque-chose à quelqu'un,
nolito ducere	garde-toi de *le* conduire
plenum lætitiæ	plein de joie
ad versus factos tibi :	devant des vers faits par toi :
clamabit enim :	il s'écriera, en-effet :
« pulchre! bene! recte! »	« superbe! bien! parfait! »
pallescet super his ;	il pâlira sur ces *vers* ;
etiam stillabit rorem	même il distillera une rosée *de larmes*
ex oculis amicis ;	de *ses* yeux complaisants ;
saliet, tundet terram pede.	il bondira, il frappera la terre du pied.
Ut	De-même-que,
qui plorant in funere,	ceux qui pleurent à un convoi-funèbre,
conducti,	étant payés *pour cela*,
dicunt et faciunt plura,	*en* disent et *en* font plus,
prope,	pour-ainsi-dire,
dolentibus	que-ceux-qui-sont-affligés
ex animo :	du fond de *leur* cœur :
sic derisor	de même, *l'homme* qui-se-moque
movetur plus	est plus démonstratif
laudatore vero.	qu'un approbateur sincère.
Reges	Les rois (les grands, les riches)
dicuntur urgere	sont dits presser (éprouver)
multis cullullis,	par beaucoup de coupes-pleines,
et torquere mero	et torturer par le vin
quem laborant	l'homme-qu'ils sont-en-peine
perspexisse	d'avoir examiné (de savoir)

An sit amicitia dignus. Si carmina condes,
Nunquam te fallant animi sub vulpe latentes.
Quintilio[1] si quid recitares : « Corrige, sodes,
Hoc, aiebat, et hoc. » Melius te posse negares,
Bis terque expertum frustra : delere jubebat, 440
Et male formatos[2] incudi reddere versus.
Si defendere delictum quam vertere malles,
Nullum ultra verbum aut operam insumebat inanem,
Quin sine rivali teque et tua solus amares.

Vir bonus et prudens[3] versus reprehendet inertes; 445
Culpabit duros; incomptis allinet atrum
Transverso calamo signum; ambitiosa recidet
Ornamenta ; parum claris lucem dare coget;
Arguet ambigue dictum; mutanda notabit :
Fiet Aristarchus. Non dicet : « Cur ego amicum 450
Offendam in nugis? » — Hæ nugæ seria ducent
In mala derisum semel exceptumque sinistre.

fiance. Vous, si jamais vous faites des vers, ne soyez pas dupe de ces faux amis, cachés sous la peau du renard. Quand on lisait quelque chose à Quintilius : « Tenez, disait-il, corrigez-moi ceci, et cela encore. — Mais, impossible à moi de faire mieux ; je l'ai tenté deux ou trois fois en vain. — Effacez alors, et remettez sur l'enclume ces vers mal forgés. » — S'avisait-on de défendre une faute, au lieu de corriger : il ne disait plus mot, et, sans se donner une peine inutile, il vous laissait, seul et sans rival, vous adorer vous-même, à genoux devant votre génie.

Ainsi fait un sage ami : critique judicieux, il n'a ni pitié ni excuse pour les vers lâches ou durs ; les vers négligés, il les efface d'un revers de plume ; il supprime l'emphase ambitieuse ; la phrase est un peu obscure : il vous force à l'éclaircir ; il fait le procès aux mots équivoques ; il marque tous les changements à faire : il devient un Aristarque enfin. Ce n'est pas lui qui dira : à quoi bon chicaner un ami pour des bagatelles? — Mais ces bagatelles, malheureux, elles auront des suites funestes, en livrant à la risée publique votre ami perdu sans retour.

ART POÉTIQUE.

an sit dignus amicitia.	s'il est digne de *leur* amitié.
Si condes carmina,	Si tu fais (quand tu feras) des vers,
animi	que les esprits (les flatteurs)
latentes sub vulpe	qui-se-cachent sous *la peau du* renard
nunquam fallant te.	ne trompent jamais toi.
Si recitares	Lorsque vous lisiez
quid Quintilio,	quelque-chose à Quintilius,
aiebat :	il disait :
« Corrige hoc et hoc,	« Corrigez-*moi* ceci et cela,
« sodes. »	« s'il-vous-plaît. »
Negares te posse melius,	*Si* vous disiez ne-pouvoir-pas *faire* mieux,
expertum frustra	*l'*ayant essayé inutilement
bis terque :	deux-fois et trois-fois :
jubebat delere,	il ordonnait d'effacer,
et reddere incudi	et de rendre à l'enclume
versus male formatos.	les vers mal forgés.
Si malles	Si vous aimiez-mieux
defendere delictum	défendre une faute
quam vertere,	que de *la* corriger,
insumebat	il ne dépensait pas
nullum verbum ultra,	une-seule parole en-plus,
aut operam inanem,	et *il ne prenait* pas *une* peine inutile,
quin amares	pour que vous n'aimassiez pas
teque et tua,	et vous-même et vos *vers*,
solus sine rivali.	seul *et* sans rival.
Vir bonus et prudens	L'homme bon et instruit
reprehendet versus inertes;	reprendra les vers plats ;
culpabit duros;	il blâmera les *vers* durs ;
allinet signum atrum	il tracera une marque noire
calamo transverso	de son style (de sa plume) renversé
incomptis;	sur *les vers* sans-élégance ;
recidet	il retranchera
ornamenta ambitiosa;	les ornements prétentieux ;
coget dare lucem	il forcera de donner de la clarté
parum claris;	aux *vers* peu clairs ;
arguet dictum	il critiquera *ce qui sera* dit
ambigue;	d'une-manière-équivoque ;
notabit	il indiquera-par-une-marque
mutanda :	les *passages* à-changer :
fiet Aristarchus.	il se fera Aristarque.
Non dicet :	*Et* il ne dira point :
« Cur ego offendam	« Pourquoi, moi, offenserais-je
« amicum in nugis? »	« un ami dans des bagatelles ? »
Hæ nugæ	*C'est que* ces bagatelles
ducent in mala seria	entraîneront dans des maux sérieux
derisum semel	*l'homme* raillé une-fois
exceptumque sinistre.	et reçu d'une-manière-défavorable.

ARS POETICA.

Ut mala quem scabies, aut morbus regius [1] urget,
Aut fanaticus error, et iracunda Diana :
Vesanum tetigisse timent, fugiuntque poetam   455
Qui sapiunt; agitant pueri incautique sequuntur.
Hic dum, sublimis[2], versus ructatur et errat,
Si veluti merulis intentus decidit auceps
In puteum foveamve, licet : « Succurrite, » longum
Clamet, «io cives! » non sit qui tollere curet.   460
Si curet quis opem ferre, et demittere funem :
« Qui scis an prudens huc se projecerit[3], atque
Servari nolit? » dicam, Siculique poetæ
Narrabo interitum. Deus immortalis haberi
Dum cupit Empedocles, ardentem frigidus Ætnam   465
Insiluit. Sit jus liceatque perire poetis :
Invitum qui servat, idem facit occidenti.
Nec semel hoc fecit; nec, si retractus erit, jam

Voyez cet infortuné que tourmente la lèpre, ou la jaunisse; ce maniaque, dont un transport fanatique et la colère de Diane ont troublé le cerveau : tel est le malheureux possédé de la rage des vers. Tout homme sage l'évite et le fuit, épouvanté; les enfants crient après lui, et le poursuivent étourdiment dans les rues. Or, tandis qu'il s'en va, le front haut, hurlant ses vers grotesques, si, courant le nez en l'air, comme l'oiseleur qui guette des merles, il tombe au fond d'un puits ou dans une fosse; il aura beau crier à tue-tête: « A moi! citoyens, au secours! » gardez-vous bien de l'en tirer, au moins. Si, d'aventure, un passant venait à lui tendre une corde charitable : « Hé! que savez-vous, dirais-je, s'il ne l'a point fait exprès, et s'il désire vraiment qu'on le sauve?... » Puis, je raconterai la mort du poëte Sicilien. Voulant à tout prix passer pour un dieu immortel, Empédocle s'élance de sang-froid dans le cratère embrasé de l'Etna. Laissons donc aux poëtes le privilége, la liberté du suicide : en sauver un malgré lui! mais c'est le tuer, sur ma parole. D'ailleurs, ce n'est pas

Qui sapiunt,	Ceux qui ont-du-bon-sens,
timent tetigisse	craignent d'avoir touché (de toucher)
poetam vesanum,	un poëte insensé (maniaque),
fugiuntque,	et ils *le* fuient
ut	comme *ils fuiraient*
quem scabies mala,	celui que la gale mauvaise,
aut morbus regius,	ou la maladie royale (la jaunisse),
aut error fanaticus	ou un délire frénétique,
et Diana iracunda	et (ou) Diane en-courroux
urget;	poursuit (possède);
pueri	les enfants
agitant	harcèlent *ce poëte insensé,*
sequunturque	et *le* poursuivent
incauti.	étourdis (étourdiment).
Dum hic,	Tandis que ce *fou,*
sublimis,	la-tête-haute,
ructatur versus et errat	hurle *ses* vers et marche-au-hasard,
si decidit in puteum	s'il tombe dans un puits
foveamve,	ou *dans* un fossé,
veluti auceps	comme un oiseleur
intentus merulis,	guettant des merles,
licet clamet longum:	il aurait-beau crier longtemps:
« Io, cives! succurrite! »	« Holà! citoyens! au secours! »
non sit	qu'il n'*y* ait personne
qui curet tollere.	qui songe à *le* retirer.
Si quis curet	Si quelqu'un songeait
ferre opem	à *lui* porter secours
et demittere funem,	et à *lui* descendre une corde,
dicam:	je dirais *à cet homme*:
« Qui scis	« Comment sais-tu
« an se projecerit huc	« s'il *ne* s'est *pas* jeté là-*dedans*
« prudens,	« avec-intention,
« atque nolit servari? »	« et s'il ne-veut-pas ne pas être sauvé? »
narraboque	et *puis* je raconterai
interitum poetæ Siculi.	la mort du poëte Sicilien.
Dum Empedocles cupit	Tandis qu'Empédocle désire
haberi deus immortalis,	passer-pour un dieu immortel,
insiluit	il s'élança (il s'élance)
frigidus	froid (de sang-froid)
Ætnam ardentem.	*dans* l'Etna embrasé.
Jus sit poetis	Que le droit soit aux poëtes
liceatque perire:	et qu'il *leur* soit permis de mourir:
qui servat invitum,	celui qui *en* sauve *un* malgré-lui,
facit idem	fait la même *chose*
occidenti.	que celui qui *le* tue (qui le tuerait).
Nec fecit hoc semel;	Et il n'a pas fait cela *qu'*une-fois;
et, si	et, si, *par hasard,*

Fiet homo, et ponet famosæ mortis amorem.
Nec satis apparet cur versus factitet : utrum 470
Minxerit in patrios cineres, an triste¹ bidental
Moverit incestus : certe furit, ac velut ursus,
Objectos caveæ valuit si frangere clathros,
Indoctum doctumque fugat recitator acerbus.
Quem vero arripuit, tenet, occiditque legendo, 475
Non missura cutem, nisi plena cruoris, hirudo.

son coup d'essai, allez! qu'on le tire de là, et vous verrez si, rendu à lui-même, il abdiquera cette manie tragique d'immortalité. Au reste, on ne sait pas trop d'où lui vient cette rage poétique. A-t-il souillé la cendre de son père? a-t-il, d'un pied sacrilége, profané la place funeste consacrée par la foudre? Le fait est qu'un démon le possède. Mais tenez, le voilà; l'ours déchaîné a rompu les barreaux de sa loge. Ignorants et savants, tous fuient ce déclamateur furibond. Malheur à qui tombe sous sa main! plus d'espoir : il faut périr sous son vers homicide; la sangsue ne lâchera prise, que gorgée du sang de sa victime.

erit retractus,	il est tiré *de ce danger*,
non fiet jam	il ne deviendra pas pour-cela
homo,	un homme *raisonnable*,
et ponet	et il *n*'abdiquera *point*
amorem mortis famosæ.	l'amour *qu'il a* d'un trépas fameux.
Nec apparet satis	Et l'on ne voit pas assez (clairement)
cur factitet versus :	pourquoi il fait-toujours des vers ·
utrum minxerit	*est-ce parce qu'*il a uriné
in cineres patrios,	sur les cendres de-ses-pères,
an, incestus,	ou *parce que*, sacrilége,
moverit	il a remué (profané)
triste bidental ·	un lieu-funeste frappé-par-la-foudre :
certe, furit,	quoi-qu'il-en-soit, il-est-fou
ac velut ursus,	et semblable à un ours,
si valuit	quand il est-venu-à-bout
frangere clathros objectos	de briser les barreaux opposés
caveæ,	de *sa* cage,
recitator acerbus,	lecteur impitoyable,
fugat	il met-en-fuite
indoctum doctumque.	ignorants et savants.
Quem vero arripuit,	Mais celui qu'il a attrapé,
tenet,	il *le* tient-ferme,
occiditque legendo :	et il *l*'assassine en *lui* lisant *ses vers:*
hirudo	*véritable* sangsue
non missura cutem,	qui ne lâchera point la peau,
nisi plena cruoris.	si-ce-n'est gorgée de sang.

NOTES.

Page 2. — 1. *Ars poetica*. Ce sont les premiers éditeurs qui ont imaginé cette dénomination assez pompeuse d'*Art poétique*, et l'usage a prévalu. Horace n'avait donné à son œuvre que ce titre bien plus modeste et plus vrai : *Epistola ad Pisones*. En effet, le poëte s'exprime souvent avec une familiarité et un abandon que la gravité du poëme didactique lui aurait interdits.

L'*Épître aux Pisons* fut composée vers l'an 745 de Rome : Horace avait alors cinquante-six ans; mais il est à peu près certain qu'elle ne fut publiée qu'après la mort du poëte, survenue en 746.

— 2. Lucius Pison, vainqueur des Thraces, pacificateur de la Macédoine, puis préfet de Rome, *diligentissimus atque idem lenissimus securitatis urbanæ custos*, au dire de Velléius Paterculus, était l'ami intime d'Horace. Il avait deux fils qui partageaient son goût prononcé pour les belles-lettres, et qui, comme lui, faisaient des vers. On croit même que l'aîné avait composé une tragédie. — C'est à ces trois personnages qu'est adressée cette épître.

Il faut dire, au reste, que cette vigilance, si vantée par Velléius, s'accorde mal avec certain témoignage assez bizarre que Sénèque a rendu de ce même Lucius Pison, en disant « qu'il ne s'enivra qu'une fois dans sa vie, parce que sa vie ne fut qu'une longue ivresse, *Ebrius, ex quo semel factus est, fuit.* »

— 3. *Mulier formosa superne. Superne* ne veut pas dire exactement *le buste*, mais seulement *la tête*. En adoptant la première de ces deux expressions, nous avons voulu éviter l'interminable périphrase qu'il eût fallu employer pour nous rendre intelligible.

— 4. *Species,* — *imagines,* en grec εἴδη, idées.

Page 4. — 1. *Qui pingitur*. C'était un usage chez les anciens. Les malheureux qui avaient fait naufrage, sollicitaient la pitié des passants en portant, suspendu sur la poitrine, un tableau qui représentait leur infortune. On se rappelle ce vers de Perse :

> Quum fracta te in trabe pictum
> Ex humero portes....
> (Sat. I, v. 86 et 87.)

Page 6. — 1. *Potenter*, κατὰ δύναμιν.

— 2. *Et præsens in tempus omittat*. Nous expliquons, dans la note suivante, les raisons qui nous ont fait adopter ce changement. Mais, pour ceux qui tiendraient absolument à la leçon vulgaire, nous rétablissons dans la même note le texte de l'édition de Quicherat. On lira comme lui, si l'on n'est pas convaincu que la leçon de Bentley est préférable.

— 3. Au lieu de la leçon ordinaire, qui dit :

> Hoc amet, hoc spernat promissi carminis auctor.
> In verbis etiam tenuis cautusque serendis,
> Dixeris egregie, notum si callida verbum
> Reddiderit junctura novum....,

adoptant la transposition à la fois si ingénieuse et si naturelle de Bentley, nous disons avec lui :

> In verbis etiam tenuis cautusque serendis,
> Hoc amet, hoc spernat promissi carminis auctor....,

et le reste comme ci-dessus.

Il nous semble en effet que, de cette manière, l'obscurité disparaît entièrement. « Délicat et châtié dans l'emploi de ses mots (*in verbis serendis*), l'auteur d'un poëme *attendu du public* devra aimer telle expression, et dédaigner telle autre. » Quant au sens de *promissi carminis*, que l'on a traduit quelquefois : *un poëme d'une certaine étendue, un poeme de longue haleine*, il semble évident que *promissi* signifie bien *un poeme attendu du public*. Car enfin,

> S'il est un heureux choix de mots harmonieux,

comme dit Boileau : ce *choix* est de rigueur partout, et quelle que soit l'*étendue* du poëme. N'importe le genre où l'on s'exerce, le goût, ce goût sévère, qui sait *en prendre et en laisser* (*hoc amet, hoc spernat*), le goût est la première loi de l'écrivain :

> Le style le moins noble a pourtant sa noblesse.

On peut encore remarquer, avec Bentley, que, dans ces deux vers, tels que la leçon ordinaire les voudrait, le rapprochement de *verbis* et de *verbum*, à si peu de distance l'un de l'autre, ne serait rien moins qu'élégant. *Verbis et verbum*, dit-il, *tam propinqua repetitione meram scabiem et sordes præ se ferunt.*

Mais le vrai motif de notre préférence est celui que nous avons exposé en premier lieu.

Page 8. — 1. *Catonis*. C'est de Caton l'Ancien qu'il est question ici, celui-là même qui conduisit de Tarente à Rome le vieux poëte Ennius. On a remarqué déjà, et c'est en effet une observation assez curieuse, que les trois plus anciens poëtes latins, Livius Andronicus, Quintus Ennius, et Pacuvius, son neveu, sont tous les trois originaires de la grande Grèce : le premier était né à Tarente, le second à Rudies, près de Tarente, et le troisième à Brindes.

Page 10. — 1. *Debemur morti, nos nostraque*. Considérés en eux-mêmes, ces vers me paraissent fort beaux, mais il ne me semble pas retrouver ici cette délicatesse de flatterie, si habituelle chez Horace ; et je ne sais pas jusqu'à quel point Auguste aurait dû être charmé de voir condamnés d'avance à une mort certaine ces travaux gigantesques, si noblement célébrés par Virgile. Ce passage fournirait, s'il en était besoin, une nouvelle preuve du caractère intime et presque confidentiel de l'*Épître aux Pisons*.

— 2. *Sterilisve diu palus, aptaque remis*, etc. Il y a ici une faute de quantité véritable : la dernière syllabe de *palus* étant invariablement longue, comme dans *virtus*, *tellus*, etc. On corrige quelquefois de cette manière :

> Sterilisve palus dudum, etc.

Mais cette correction ne se trouve dans aucun manuscrit. Bentley fait une longue dissertation pour justifier la leçon qu'il propose :

> Sterilisve palus prius, etc.

Malheureusement le vers d'Horace, tel qu'il est dans toutes les éditions jusqu'à Bentley, et dans tous les manuscrits, avait été cité par Servius, Béda et Priscien. Toute l'argumentation de Bentley doit tomber devant un tel témoignage. Et pourquoi se scandaliser, d'ailleurs, qu'il ait échappé à Horace une de ces fautes si bien excusées dans ces vers dont nous invoquerons pour lui le bénéfice ?

> Non ego paucis
> Offendar maculis, quas aut incuria fudit,
> Aut humana parum cavit natura....

Page 12. — 1. *Chremes*, dans la pièce de Térence, intitulée l'Héautontimorouménos.

— 2. Au lieu de la leçon ordinaire :

> Et tragicus plerumque dolet sermone pedestri :
> Telephus et Peleus, etc.

on lit quelquefois :

> Et tragicus plerumque dolet sermone pedestri
> Telephus aut Peleus, etc.

en supprimant les deux points après le mot *pedestri*, et en remplaçant la copulative *et* par la disjonctive *aut*. — Cette leçon nous avait souri d'abord ; mais un examen plus sérieux nous fait revenir à la première, en maintenant néanmoins le changement de *et* en *aut*. Le passage ainsi modifié nous paraît avoir le triple avantage de la symétrie, d'une clarté plus grande, et d'une relation toute naturelle avec les vers qui viennent plus bas :

> Tua me infortunia lædent,
> Telephe, *vel* Peleu, etc.

Page 14. — 1. *Si vis me flere, dolendum est, primum ipsi tibi*. On connaît la traduction de Boileau :

> Pour me tirer des pleurs, il faut que vous pleuriez.

Outre qu'elle n'est pas élégante, nous ne la croyons pas exacte non plus. *Dolere* ne signifie *pleurer* que par métonymie, et en prenant la cause pour l'effet ; réellement il signifie : avoir de la douleur. *Ayez une douleur véritable*, dit Horace. *Pleurez* ne serait pas juste ; car enfin il y a de fausses larmes, et celles-là doivent nous trouver insensibles ; il y a les larmes comiques, et celles-là nous font rire.

Page 16. — 1. *Honoratum si forte reponis Achillem....* Par *honoratum* les uns entendent *célèbre*, *fameux* ou *illustre*; mais nous ne croyons pas que l'on trouve dans toute la latinité du siècle d'Auguste un seul exemple du mot *honoratum* pris dans ce sens-là. Or, il ne signifie pas ici *comblé d'honneurs*, comme dans le vers 107 de l'épître Ire du livre Ier :

Liber, *honoratus,* pulcher, rex denique regum ;

car cette idée serait parfaitement ridicule, puisque là il s'agit *des dignités, des honneurs accordés par le peuple*. Nous croyons donc que, par ce mot *honoratum*, qui rappelle exactement le τετιμημένον d'Homère, le poëte latin fait à l'Iliade une allusion d'autant plus heureuse, peut être, qu'elle rappelle, à l'aide d'un seul mot formant hellénisme, le sujet réel et connu de ce poëme fameux.

— 2. *Difficile est proprie communia dicere....* Pour bien comprendre le sens longtemps controversé de ces paroles, il faut les rapprocher de ce qui précède et de ce qui suit. Voici la paraphrase pleine de justesse que Du Marsais a faite de ce passage : « Si vous osez mettre sur la scène un sujet nouveau, un caractère qui n'ait pas encore été traité, *si quid inexpertum*, etc., et que, pour peindre ce caractère, vous inventiez un personnage jusqu'alors inconnu au théâtre, *personam novam* : que ce personnage conserve toujours son caractère ; qu'il ne se démente point, et que, jusqu'à la fin de la pièce, il soit tel qu'il aura paru au commencement. Mais prenez-y garde, mesurez vos forces : il est bien difficile d'imaginer et de soutenir ce personnage, de le créer, pour ainsi dire, tel qu'il doit être, *proprie*. Pour peindre quelqu'un de ces caractères dont on n'a encore qu'une idée générale, *communia*, et qui n'existent *qu'à l'état d'abstraction*, on n'a aucun modèle devant soi, point d'auteur qui ait traité le même sujet : on n'a pour guide que la nature. »

Exemple :

Molière, en prenant l'*avare* pour sujet d'une de ses comédies, nous a peint un caractère général, *communia;* et, par la conduite de sa pièce, par tout ce qu'il fait dire et faire à son Harpagon, *personnage nouveau*, il a traité ce sujet *proprie* : il a appliqué à ce personnage nouveau le caractère général d'avare : Harpagon est l'avare personnifié. Concluons avec Du Marsais que, *dicere communia proprie*, c'est adapter si bien un caractère *général* à un personnage *particulier*, que toutes les actions, toutes les paroles qu'on prête à ce personnage, répondent exactement à l'idée abstraite et générale qu'on a du caractère.

Page 18. — 1. C'est le début de l'Odyssée dans Homère. — Horace dit seulement *vidit* : nous avons reproduit toute la pensée d'Homère, en ajoutant l'idée du verbe ἔγνω :

Πολλῶν δ'ἀνθρώπων ἴδεν ἄστεα καὶ νόον ἔγνω.

Page 20. — 1. *Aulæa.* On appelait ainsi la toile qui servait à masquer la scène, avant la représentation et dans les entr'actes. Il ne faut pas oublier que chez les anciens la toile, au lieu de descendre du plafond, comme chez nous, à la fin d'une pièce, s'élevait au contraire de bas en haut. La machine qui la faisait descendre au commencement et remonter à la fin des pièces, s'appelait *exostra*.

— 2. *Reddere qui voces jam scit puer*, etc. Ce passage a été imité par notre vieux poëte Régnier, voyez la satire V; par Boileau, voyez l'*Art poétique*, liv. III, vers 373 et suiv. ; et par Delille, poëme de l'*Imagination*, chant VI, vers 24 et suiv. Tout le monde connaît, dans le *Panégyrique de saint Bernard*, par Bossuet, ce magnifique portrait de la jeunesse : « Vous dirai-je ce que c'est qu'un jeune homme de vingt-deux ans?... »

Horace lui-même a imité Aristote dans cette peinture si rapide, et pourtant si philosophique, des quatre âges de la vie.

Page 22. — 1. *Dilator, spe lentus, iners, pavidusque futuri.* Nous n'hésitons pas à lire ainsi, au lieu de *longus* et *avidusque futuri*. *Spe lentus* est le δύσελπις d'Aristote. En effet, le vieillard est bien plus enclin au désespoir qu'aux longues espérances ; et puis, entre ces deux mots *iners* et *avidus*, il semble qu'il y aurait opposition ; enfin, le passage d'Aristote, que le poëte avait certainement en vue, repousse complétement l'idée de *avidus* : δειλοὶ καὶ πάντα προφοβητικοί, dit Aristote, *meticulosi et de omnibus futuris paventes*.

Page 24. — 1. *Intus digna geri.* La scène représentait toujours une place publique, ou un endroit fréquenté ; par conséquent, ce qui se faisait *intus*, c'est-à-dire dans l'intérieur d'une maison, ne pouvait se voir sur le théâtre. En pareil cas, nous disons qu'un fait se passe *dans la coulisse*.

— 2. *Facundia præsens.* L'expression serait assez vague, si les détails qui précèdent ne la rendaient parfaitement claire. *Facundia præsens* signifie le récit épisodique ou final, dans lequel une péripétie quelconque, ou la catastrophe de la tragédie était, ou devait être racontée par un personnage qui en avait été le témoin, *præsens*. La tragédie antique finit presque toujours ainsi ; voyez *OEdipe*, *Hécube*, etc.

— 3. *Quodcumque ostendis mihi sic, incredulus odi.* Ce vers ne s'applique pas à Médée immolant ses enfants, mais seulement à la métamorphose de Procné et de Cadmus. « Un prodige opéré par le ciel même ne révoltera point, dit Voltaire ; mais un prodige opéré par un sorcier, malgré le ciel, ne plaira jamais qu'à la populace. »

Page 26. — 1. *Sortilegis non discrepuit sententia Delphis.* Ce passage, assez obscur pour qui voudrait ne l'expliquer que mot à mot, indique très-clairement, ce nous semble, cette tendance du Chœur à parler un langage mystérieux et quelquefois mystique. On peut même supposer qu'il y a une idée satirique dans ce vers : Horace ne se piquait pas d'être bien fervent en fait de croyances religieuses.

Page 34. — 1. *Hic et in Acci nobilibus trimetris.* Hic désigne le vers iambique, *tel qu'il doit être.* Horace veut dire, et il dit en effet, que rarement Accius et Ennius observent les règles qu'il vient de rappeler brièvement. Accius, ou Attius, est un poëte tragique postérieur à Ennius : il est mort trente et un ans après lui, l'an 139 avant J. C.

— 2. *At nostri proavi.* Quelques éditions portent *At vestri proavi,* sous prétexte que le fils d'un affranchi n'eût jamais osé dire *nos ancêtres.* Nous sommes convaincu que personne, à Rome, n'aurait fait une pareille observation à l'ami de Mécène, au poëte qui était en si grande faveur auprès d'Auguste. *Nostri proavi* signifie donc, tout simplement, *les gens d'autrefois,* les anciens Romains, nos devanciers.

— 3. *Ne dicam stulte...* La postérité a cassé le jugement trop sévère porté par Horace sur un poëte comique, auquel nous devons l'idée de plusieurs comédies excellentes de Molière. Plaute a certainement un bon nombre de plaisanteries grossières et inconvenantes ; mais on remarquera qu'il les prête toujours à des esclaves. Comment les beaux esprits du temps d'Horace, et Horace lui-même, pouvaient-ils donc se montrer si sévères pour les saillies de Plaute, quand on les voit prendre tant de plaisir aux sottises grossières et fort peu spirituelles, *ne dicam stulte* (ce serait bien le cas de le dire), que s'adressent l'un à l'autre Sarmentus et Cicirrus ? Pourtant, cet assaut d'injures de mauvais goût entre un bouffon et un parasite, eut le singulier privilége de réjouir et de charmer, *pendant tout un repas,* Héliodore le rhéteur, Mécène, Plotius, Varius, Virgile et Horace enfin, qui, après nous avoir raconté cette querelle grotesque, ajoute, et il faut l'en croire :

Prorsus jucunde scenam produximus....

Voyez la satire V du liv. Ier, où se trouve la description du voyage à Brindes.

Page 36. — 1. *Successit Vetus his Comœdia.* Les grammairiens d'Alexandrie ont reconnu, comme on le sait, trois sortes de comédies : l'ancienne, la moyenne et la nouvelle. La première avait des chœurs chantants, comme la tragédie, c'est la comédie d'Aristophane :

Eupolis, atque Cratinus, Aristophanesque poetæ.

Les deux autres n'en avaient pas ; mais ce qui les distingue surtout de la première, c'est la modération satirique à laquelle la loi les contraignit. Voyez Horace, *Art poétique*, vers 283 et 284, et épître I, livre II, vers 152 et suivants :

> Quin etiam lex
> Pænaque lata, malo quæ nollet carmine quemquam
> Describi. Vertere modum, formidine fustis
> Ad bene dicendum delectandumque redacti.

— 2. *Vel qui Prætextas, vel qui docuere Togatas.* *Prætextas*, la tragédie, parce que les acteurs portaient la robe *prétexte*, qui n'appartenait qu'aux nobles ; *Togatas*, la comédie, parce que les acteurs portaient la toge, vêtement ordinaire des gens du peuple.

— 3. *Pompilius sanguis.* Horace appelle les jeunes Pisons *sang de Pompilius* : Acron et Porphyrion disent que Numa Pompilius eut un fils nommé Calphus, ou Calpur, de qui les *Calphurnii* ou *Calpurnii Pisones* prétendaient tirer leur origine.

Page 38. — 1. *Tribus Anticyris.* Il y avait, en effet, trois endroits de ce nom : la ville d'*Anticyre*, en Phthiotide, était située au nord de l'embouchure du Sperchius, dans le golfe Maliaque, où se trouvait une île, également nommée *Anticyre ;* une troisième Anticyre se trouvait en Phocide, dans le pays des Locriens Ozoles, au sud-ouest de Delphes, près de la côte du golfe de Corinthe : et, par une coïncidence singulière, mais suffisamment constatée, le territoire de toutes les trois produisait l'ellébore, dont on se servait particulièrement pour la guérison de la folie. Strabon mentionne ces trois Anticyres. (Voir *Essai de Géographie historique ancienne*, par F. Ansart ; Grèce septentrionale, § 737, page 238, 3ᵉ édition.)

Malgré ce renseignement positif, j'ai préféré dans la traduction l'idée d'une seule Anticyre : elle a l'avantage de présenter un trait comique, dont l'exagération maligne va bien mieux aux habitudes satiriques du poëte.

— 2. *Tonsori Licino.* Licinus, barbier enrichi, que César avait fait sénateur, et qui fut, à ce que l'on pense, exclu du sénat par Auguste.

Page 42. — 1. *Poteras dixisse? — Triens...* C'est le tiers d'une livre ou d'un as. La livre avait douze parties égales, appelées onces ; ses subdivisions étaient : 1° *uncia*, l'once ; 2° *sextans*, deux onces, ou le sixième de la livre ; 3° *quadrans*, trois onces, ou le quart de la livre ; 4° *triens*, quatre onces, ou le tiers de la livre ; 5° *quincunx*, cinq onces ; 6° *semis* (pour *semissis*), une demi-livre, ou six onces ; 7° *septunx*, sept onces ; 8° *bes*, huit onces, ou les deux tiers de la livre ; 9° *dodrans*, neuf onces, ou les trois quarts ; 10° *dextans*, dix onces ; 11° *deunx*, les onze douzièmes de la livre ; 12°, enfin, *as*, la livre, ou l'as, réunion des douze onces.

— 2. *Pransæ Lamiæ.* Les Lamies, espèce de Gargantuas ou de Croquemitaines femelles, étaient des monstres fabuleux, ayant une tête et une poitrine de femme, terminée par le corps d'un serpent.

Page 44. — 1. *Celsi Rhamnes.* Les Chevaliers dédaigneux, hautains. *Rhamnes* était le nom d'un des trois corps de chevaliers institués par Romulus.

Page 46. — 1. *Qui multum cessat, fit Chœrilus ille....* Chérile-

mauvais poëte qu'Alexandre récompensa largement pour des vers médiocres, composés à sa louange. Voyez l'épître Ire du livre II, vers 232 et suiv. :

> Gratus Alexandro regi Magno fuit ille
> Chœrilus, incultis qui versibus et male natis
> Rettulit acceptos, regale nomisma, Philippos.

J.-B. Rousseau a fait allusion à ce passage, dans les vers suivants :

> C'est ainsi qu'au milieu des palmes les plus belles,
> Le vainqueur généreux du Granique et d'Arbelles
> Cultivait les talents, honorait le savoir,
> Et, de Chérile même excusant la manie,
>   Au défaut du génie,
> Récompensait en lui le désir d'en avoir.
>   (Livre XVIII, ode II, au prince Eugène.)

Page 48. — 1. *Sardo cum melle papaver.* On mêlait avec du miel la graine de pavot blanc rôtie : mais le miel de Sardaigne était extrêmement amer. La même plante qui lui donnait cette amertume désagréable, produisait sur les lèvres une contraction nerveuse qui se manifestait par un sourire convulsif. C'est de là qu'est venue l'expression proverbiale de *rire sardonique.*

— 2. *Census equestrem summam nummorum.* Pour être admissible dans l'ordre des Chevaliers, au temps d'Horace, il fallait posséder quatre cent mille sesterces (79,500 fr.). Voyez l'épître Ire du liv. Ier, vers 57 :

> Si quadringentis sex, septem millia desunt,
> Plebs eris....

Page 50. — 1. *In Metii descendat judicis aures....* Métius Tarpa, ami d'Horace, excellent juge en poésie, est le même dont il est question au vers 38 de la satire X du livre Ier :

> Hæc ego ludo,
> Quæ nec in æde sonent certantia, judice Tarpa,
> Nec redeant iterum atque iterum spectanda theatris.

— 2. *Nonumque prematur in annum...* Ce conseil, dirons-nous avec M. Walckenaër, de garder *pendant neuf ans* toute composition littéraire, quelle qu'elle soit, n'a pas été compris par les commentateurs.— On l'a considéré comme un précepte général, tandis qu'au contraire ce n'est qu'un conseil donné au jeune Pison, alors âgé de dix-sept ou dix-huit ans, tout au plus. Nous croyons donc qu'Horace a voulu dire simplement qu'on ne devait pas se produire en public, comme auteur, avant vingt-quatre ou vingt-cinq ans, et qu'on devait garder ce qu'on avait composé avant cet âge, comme des fruits précoces dont on attend la maturité. Horace avait d'ailleurs suivi lui-même ce précepte, en ne laissant rien paraître, avant cet âge, des vers grecs qu'il dit avoir composés dans sa première jeunesse, concurremment, sans doute, avec quelques odes latines.

Page 52. — 1. *Nunc satis est dixisse.* Au lieu de *nunc*, quelques éditions disent *nec*. Des deux manières, l'intention satirique est parfaitement sensible. *Nunc* est dans les meilleurs manuscrits.

Page 54. — 1. *Ut, qui conducti plorant in funere.* Allusion à cet usage antique, bien connu, d'avoir aux funérailles des pleureurs à gages (*conducti*). Cet usage a disparu en France, mais il s'y était maintenu jusque dans les dernières années.

Page 56. — 1. *Quintilio si quid recitares.* Quintilius Varus, poëte distingué, en l'honneur de qui a été composée l'ode XX du livre 1er :

> Quis desiderio sit pudor aut modus
> Tam cari capitis?

ode adressée à Virgile.

— 2. *Et male formatos incudi reddere versus.* Sidoine Apollinaire, au Ve siècle, a lu *formatos*, et non pas *tornatos* : « Horatiana incude « formatos *asclepiadeos,* » dit-il, épit. IX, 13. Ainsi ont lu évidemment, Acron et Porphyrion, les plus anciens commentateurs d'Horace : « *Ferramentum male ductum* redditur incudi, *et bene ibi for-* « *matur.* » (Acron.) — « *Ferramentum* male formatum redditur in- « cudi, *ut ibi* formetur. » (Porphyrion.)

On le voit donc, le mot *formare* est l'expression technique et usuelle pour dire *forger le fer sur l'enclume.* Bien que la leçon *formatos* ne soit pas donnée par les manuscrits, nous l'avons préférée à *tornatos*, qui en diffère bien peu matériellement, et qui nous semble un peu barbare. Nous ajouterons que dix-sept éditeurs ou critiques ont adopté cette leçon nouvelle, entre autres, Guyet, Cuningham, Sanadon, Poinsinet de Sivry, Ménage et Daru.

— 3. *Vir bonus et prudens,* etc. On fera bien de comparer ce portrait d'*un ami prudent et éclairé* à celui *du critique impartial* tracé par le poëte dans l'Epître à Florus (la seconde du livre II), vers 109 à 125. Nous rapprocherons surtout les traits suivants :

> Audebit, quæcumque parum splendoris habebunt,
> Et sine pondere erunt, et honore indigna ferentur,
> Verba movere loco, quamvis invita recedant....
> Luxuriantia compescet; nimis aspera sano
> Lævabit cultu; virtute carentia tollet....

On sait que Boileau a réuni en un seul tableau ces deux portraits si habilement indiqués par Horace. C'est peut-être le cas d'exposer ici l'opinion, encore peu débattue, et partant assez neuve, que les deux premières Epîtres du second livre forment, avec l'*Épître aux Pisons*, un *Art poétique* assez complet dans l'ensemble, quoique composé de trois éléments bien distincts. L'analyse succincte de ces deux épîtres adressées, la première, à Auguste, et la seconde, à Jules Florus, prouvera ce que nous avançons. Dans l'Epître à Auguste, laquelle peut, relativement à la question qui nous occupe, se diviser en trois parties, le poëte établit d'abord une comparaison entre les auteurs anciens et les modernes; — ensuite, il montre que la nouveauté est mère des beaux-arts, des belles-lettres, et surtout de la poésie; — enfin, dans la troisième partie, il traite de la poésie dramatique et de la difficulté de réussir au théâtre. Il y a une quatrième partie, mais qui s'adresse particulièrement à Auguste : — il est de l'intérêt d'un prince d'exciter l'émulation des poëtes, car la poésie contribue, aussi sûrement que le bronze lui-même, à éterniser la gloire des grands hommes :

> Nec magis expressi vultus per ahenea signa,
> Quam per vatis opus, mores animique virorum
> Clarorum apparent.
> *(Vers 248 et suivants.)*

Dans l'Épître à Florus, beaucoup plus familière, et entremêlée d'historiettes racontées comme raconte Horace, le poëte nous déclare, en vers charmants, qu'il ne veut plus faire de vers, et qu'il est fatigué du métier de poëte, à cause de la vanité, des intrigues mesquines et de l'incapacité de ses confrères. A cette boutade satirique et mordante, qui rappelle assez les derniers vers de l'*Art poétique*, Horace ajoute, en passant, et sans avoir l'air d'y toucher, comme nous dirions, quelques préceptes d'une haute raison. Cette question qu'il a traitée plus d'une fois, la difficulté de bien écrire, lui a inspiré les vers que nous citons plus haut, et qui ont, avec le passage de l'*Art poétique*, objet de cette note, une analogie frappante, incontestable.

On sait, d'ailleurs, que l'*Épître aux Pisons* est postérieure aux deux précédentes. Ainsi, il est naturel, il est permis, au moins, de penser que le poëte, en composant cette fameuse épître, la plus longue de celles qu'il a laissées, songeait à réunir et à compléter ce qu'il avait déjà dit antérieurement sur l'*Art d'écrire*. On remarquera facilement que, dans aucune de ces trois pièces, Horace n'a voulu astreindre à un plan systématique sa muse vagabonde, son style familier, son allure pleine de liberté et de caprice. Mais, dans toutes les trois aussi, nous retrouvons, avec M. Walckenaër, la même idée élevée du vrai poëte, le même sentiment de la haute utilité et de la noble mission de la poésie : tout cela, exposé sans prétention par un homme de goût qui cause avec entraînement, avec verve, mais qui n'a garde de se donner l'attitude imposante d'un professeur qui enseigne, ou d'un législateur qui régente.

Concluons. — Si l'*Épître aux Pisons*, considérée dès son apparition comme une œuvre à part, et citée deux fois déjà par Quintilien sous le nom d'*Art poétique*, est un morceau plus sérieux, plus spécial, plus didactique, en un mot, que l'Epître à Auguste, et, surtout, que l'Epître à Florus; si, contre la manière habituelle d'Horace, elle renferme plus de principes de l'art considéré en lui-même que de maximes de moralité; si, enfin, parmi tant d'allusions malignes dirigées contre les anciens, et tant de traits satiriques à l'adresse des poëtes ridicules de son temps, il n'a pas dit un seul mot sur sa personne, sur ses antécédents, sur sa jeunesse, comme il le fait avec tant de grâce dans l'Épître à Florus : il n'en demeure pas moins établi que ces trois épîtres sont intimement liées entre elles, d'abord par l'identité du sujet, par la ressemblance souvent frappante des détails ; et, ensuite, qu'elles concourent au même but, qu'elles se commentent, s'éclairent et se complètent l'une par l'autre.

Cette *préméditation* de la part d'Horace, si fortement préoccupé (dit M. Walckenaër) des mêmes pensées, qu'il éprouvait le vif besoin de les exprimer, cette préméditation nous semble donc suffisamment démontrée. Nous aurions pu exposer cette opinion dans les notes des deux épîtres *à Auguste* et *à Florus;* mais nous avons préféré la traiter ici complétement, à propos de l'*Épître aux Pisons*, dont les deux précédentes ne sont en réalité que des parties accessoires, bien qu'elles soient, l'une et l'autre, d'une date antérieure.

L'Épître *à Florus* est de 743, l'Épître *à Auguste* de 744, enfin, l'*Épître aux Pisons*, de 745. Ainsi que nous l'avons dit, Horace avait cinquante-quatre ans, quand il écrivait la première ; cinquante-cinq ans, lors de la seconde, et cinquante-six ans à l'époque de la troisième. Peut-être même celle-ci ne fut-elle pas achevée par le poëte : du moins, on croit généralement qu'elle ne fut publiée qu'après sa mort.

Page 58. — 1. *Morbus regius*. Ce n'est pas l'épilepsie, mais la jaunisse. On l'appelait *morbus regius*, d'après Celse, parce qu'on ordonnait au malade de ne s'occuper que de choses agréables, de se livrer à toute sorte de distractions, de voyager ou de voir beaucoup de monde.

— 2. *Hic dum, sublimis, versus ructatur*. J'aime mieux lire *sublimis* se rapportant au poëte, que *sublimes* se rapportant à *versus;* l'image est bien plus vive, et rappelle plus naturellement l'idée qui suit : *si veluti merulis intentus decidit auceps*.

— 3. *Qui scis an prudens huc se projecerit?* Il est évident qu'il y a ici une négation sous-entendue : c'est la négation incluse dans le verbe *nolit* du vers suivant (*atque servari nolit*), qui réagit sur la première partie de la proposition.

Page 60. — 1. *An triste bidental moverit incestus*. *Bidental* est la place même où la foudre était tombée : on y élevait un petit autel expiatoire, sur lequel on immolait des brebis (*bidentes*), d'où le mot *bidental*.

TRADUCTIONS JUXTALINÉAIRES
DES
PRINCIPAUX AUTEURS CLASSIQUES GRECS ET LATINS.

FORMAT IN-12.

Volumes en vente le 1er septembre 1844.

AUTEURS GRECS :

ARISTOPHANE : Plutus... 2 fr. 25 c.

CHRYSOSTOME (S. JEAN) : Homélie sur la disgrâce d'Eutrope. 60 c.

DÉMOSTHÈNE : Discours pour Ctésiphon ou sur la Couronne.... 5 fr.
— Les trois Olynthiennes. 1 fr. 50 c.
— Les quatre Philippiques. 3 fr. 50 c.

ESCHINE : Discours contre Ctésiphon................. 4 fr.

ESCHYLE : Prométhée enchaîné. 2 fr.
— Les Sept contre Thèbes. 1 fr. 50 c.

ÉSOPE : Fables choisies... 1 fr. »

EURIPIDE : Électre...... » »
— Hécube............ 2 fr »
— Iphigénie en Aulide... 3 fr. 25 c.

HOMÈRE : Les six premiers chants et les chants XXI à XXIX de l'Iliade. Prix de chaque chant...... 1 fr. 25 c.
   Prix des quatre premiers chants réunis en un volume....... 5 fr.
   Prix des chants XXI à XXIV réunis en un volume............. 5 fr.

ISOCRATE : Archidamus. 1 fr. 50 c.
— Conseils à Démonique.... 75 c.

LUCIEN : Dialogues des morts. Prix, broché............ 2 fr. 25 c.

PLATON : Le premier Alcibiade. Prix, broché............... 2 fr. 50 c.

PLUTARQUE : Vie d'Alexandre. Prix, broché................ 4 fr. 25 c.
— Vie de César...... 3 fr. 50 c.
— Vie de Cicéron..... 3 fr. »
— Vie de Marius..... 3 fr. »
— Vie de Pompée..... » »
— Vie de Sylla....... » »

SOPHOCLE : Antigone... 2 fr. 50 c.
— Électre........... » »
— Œdipe à Colone .... 3 fr. 25 c.
— Œdipe roi......... 2 fr. 58 c.
— Philoctète........ 2 fr. 50 c.

THÉOCRITE : La Ire Idylle. » 45 c.

XÉNOPHON : Apologie de Socrate. Prix, broché......... » 60 c
— Cyropédie, Ier livre... 2 fr. 75 c.
— Entretiens mémorables de Socrate. Les quatre livres. Prix. 7 fr. 50 c.
   Prix de chaque livre séparé. 2 fr.

AUTEURS LATINS :

HORACE : Art poétique... » 90 c.
— Épitres, Ier livre..... » »

TACITE : Vie d'Agricola.. » »

VIRGILE : Géorgiques, IVe livre. Prix, broché............... » 90 c.
— Énéide, Ier et VIe livres. » »

Avis. Cette collection comprendra les principaux auteurs grecs et latins qu'on explique dans les classes.

IMPRIMERIE DE CRAPELET, RUE DE VAUGIRARD, N° 9.

www.ingramcontent.com/pod-product-compliance
Lightning Source LLC
LaVergne TN
LVHW050616090426
835512LV00008B/1511